LE PARFAIT VOYAGEUR

GUIDE PRATIQUE
DES
VOYAGEURS DE COMMERCE

PAR

E. TRUFFAUT

REPRÉSENTANT DE COMMERCE

Prix : 3 fr. 25

SOISSONS
CHEZ L'AUTEUR, RUE DU COMMERCE, 25.

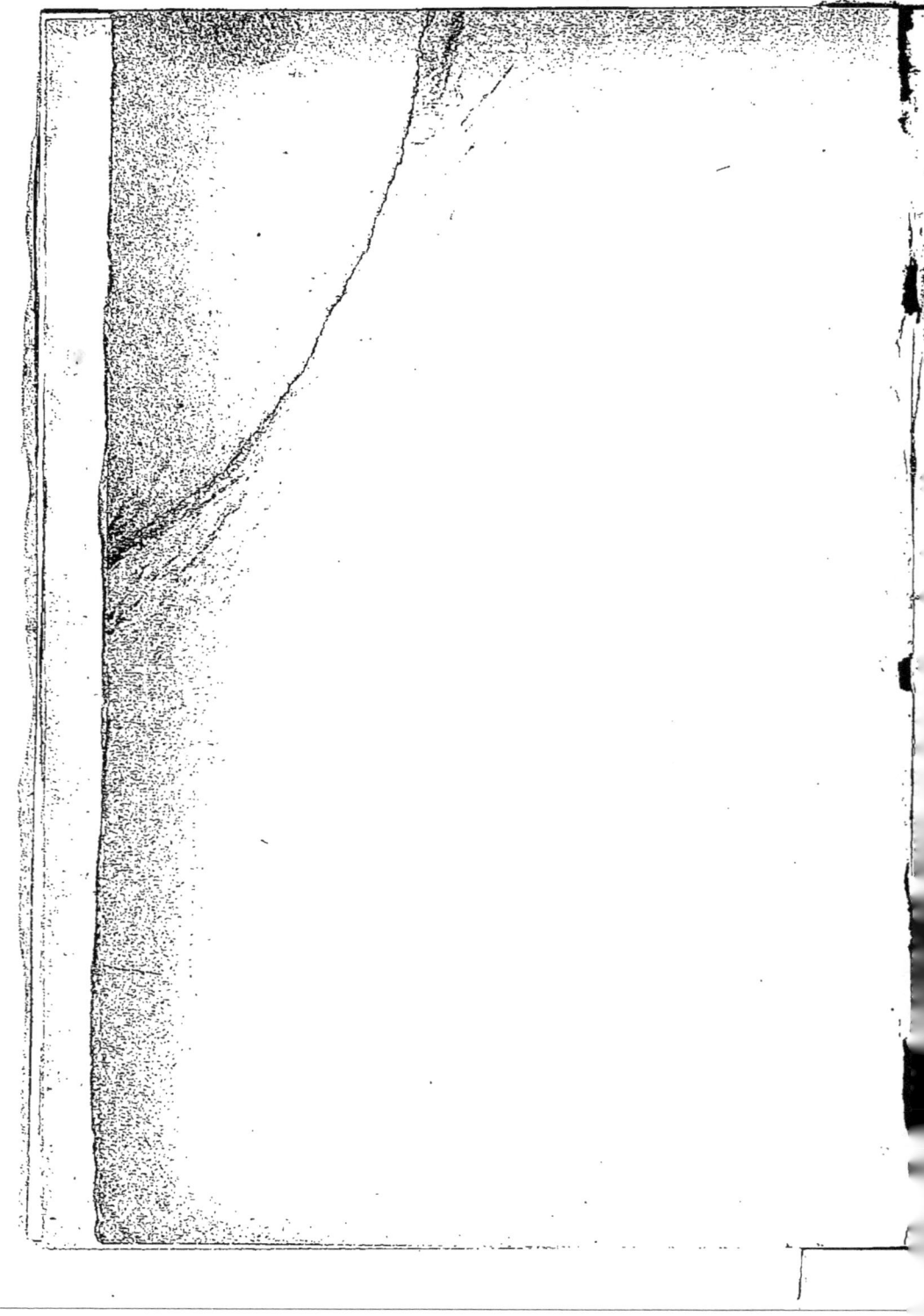

LE
Parfait Voyageur

LE PARFAIT
VOYAGEUR

GUIDE PRATIQUE

DES

VOYAGEURS DE COMMERCE

PAR

E. TRUFFAUT

REPRÉSENTANT DE COMMERCE

Prix : 3 fr. 25

SOISSONS
CHEZ L'AUTEUR, RUE DU COMMERCE, 25.

Tout exemplaire qui ne sera pas revêtu de la signature de l'auteur sera réputé contrefait.

PRÉFACE

But que nous nous proposons en publiant ce volume

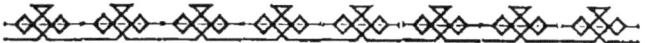

> " Quiconque a beaucoup vu,
> " A, dit-on, beaucoup retenu. „

Jeunes et futurs collègues et aussi amis,

Permettez à un des vôtres, que l'expérience a déjà mûri et rendu sage, de vous offrir ce modeste volume, fruit de ses observations résultant de ses pérégrinations à travers notre belle France.

Le métier de voyageur que vous venez ou allez embrasser n'est point une sinécure, au contraire. Il exigera de vous la tension complète de vos facultés intellectuelles à chaque instant de votre vie, à chaque minute pour sortir victorieux du grand combat que tous les travailleurs sont obligés de soutenir.

Et, encore plus que tout autre, vous vous trouverez aux prises avec les difficultés multiples de l'existence. Combien sombrent avant d'arriver au port ; bien des efforts ne sont pas couronnés par le succès ; ne nous laissons donc pas éblouir par de douces illusions. Mais si rudes que doivent être nos étapes dans ce bas monde, souvenons-nous que l'homme bien trempé, maître de ses impressions, courageux enfin, ne se laisse pas abattre par les durs coups du sort et que l'on peut toujours en sortir victorieux, lorsqu'une énergie virile vient seconder nos efforts. « Aide-toi, le ciel t'aidera » ; voilà la vraie solution du terrible problème de la vie ; ne compte que sur toi seul, voilà la formule à mettre en pratique. Il n'y a pas de difficulté insurmontable et c'est avec raison que nous disons : impossible n'est pas Français. Regardons donc en face tous ces obstacles, toutes ces difficultés et nous les résoudrons.

Si donc, la vie est hérissée de tous ces écueils il peut être bon et utile de ne pas s'y lancer sans un bagage qui peut permettre, sinon de les éviter tous, du moins de passer à côté de beaucoup.

C'est donc par ces raisons, mes chers collègues, qu'il me semble indispensable de vous signaler quelques-uns de ces écueils.

L'expérience ne s'acquiert pas en un seul jour, il faut pour la posséder avoir fait l'apprentissage de la vie; cet apprentissage je l'ai fait et m'efforcerai dans les impressions diverses que j'ai recueillies çà et là de vous en faire profiter.

Je m'estimerai mille fois heureux si ces quelques pages peuvent trouver une application utile, et si beaucoup d'entre vous y trouvent des conseils salutaires.

Sans vanité aucune de ma part, je crois être dans le vrai en affirmant l'utilité de ce petit recueil; espérons qu'il répondra à mon attente.

Et, si j'atteins le résultat que je désire, je pourrai dire alors: non seulement je n'ai pas perdu ma journée, mais plutôt: je n'ai pas perdu les longues soirées que j'ai consacrées à ce travail.

Toute bonne action à sa récompense: je trouverai la mienne dans le plaisir de faire le bien, d'avoir rendu service à mes semblables dans la satisfaction du devoir accompli.

Des deux parties dont se compose ce volume, la première est spécialement destinée aux jeunes voyageurs, aux débutants ou à ceux qui se destinent aux voyages.

La deuxième intéressera plus particulièrement les voyageurs déjà expérimentés ; un recueil de jugements, de lois du commerce leur sera dans bien des cas d'une utilité incontestable.

Espérons que nous atteindrons le but que nous nous sommes proposé.

Soissons, le 20 Mai 1888

E. Truffaut

Avant de présenter mon ouvrage à mes sympathiques lecteurs, je me fais un devoir d'adresser ici à mes amis qui m'ont encouragé dans mon œuvre, en un mot à mes premiers souscripteurs, mes remerciements les plus sincères et les plus affectueux.

Si mon travail a quelque mérite, j'en suis en partie redevable à mes nombreux collègues et amis dont les noms suivent qui ont bien voulu m'honorer de leur souscription.

Encore une fois mes amis merci !

E. TRUFFAUT

LISTE DES SOUSCRIPTEURS :

MM.

Gallet, maire, à Tigny		Aisne.
Gessien, » St-Pierre-Aigle		»
Miau, adjoint au maire, à Guise		»
Lavoy, conseil. municipal, à Septmonts		»
Ismaël, » Coulonges		»

MM.

Becker, conseiller municipal, Soissons (Aisne)
Redon, greffier de Paix » »
Fleury, percepteur » »
René de Carpentier, propriétaire, à Juvigny (Aisne)
Brisset, notaire, Crécy-sur-Serre »
Caze, rec. des contr. ind., Laon »
Broyon, percepteur, à Château-Thierry »
Dewatine, greffier de paix, à Viliers-Cot. »
Turquin, chimiste, à Vic-sur-Aisne »
Laurens, conducteur des Ponts, à Soissons »
Macaire, professeur comptable, » »
Gardey, comptable, à Blérancourt »
Vincent, cont. des contr. ind. Estrès-St-Denis, (Oise)
Raison, empl. des contr. ind., à Gap (Hautes-Alpes)
Crétal, receveur d'enregist. à Lagor (Basses-Pyr.)
Bœuf, comptable, à Paris (Seine)
Quilliet, comptable, à Fismes (Marne)
Debargue, clerc de notaire, à Fisme »
Courcy, clerc de notaire, à Paris (Seine)

NÉGOCIANTS

MM.

Bertrand, négociant, à Morsain (Aisne)
Delalain, » » »
Lemoine, » Vic-sur-Aisne »
Caron, » Faucoucourt »
Pontus, » Nampcel »
Agdé, » Crandelain »

MM.

Berthe,	négociant, à	Septmont	(Aisne)
Duflot,	»	Soissons	»
Carpette,	»	»	»
Cresp,	»	»	»
Waendendries	»	»	»
Rouanet	»	Soissons,	»
Béraux,	»	»	»
Marcellin,	»	»	»
Lhermitte,	»	»	»
Valentin	»	»	»
Delaborde,	»	»	»
Paillet,	»	St-Pierre-Aigle	»
Robbé,	»	Taillefontaine	»
Serein,	»	»	»
Cordier,	»	Cœuvres	»
Tranchart,	négociant, à	Cœuvres	»
Molin,	»	»	»
Destrez,	»	Vivières	»
Boitel,	»	Coyolles	»
Plonquet,	»	St-Rémy	»
Faure,	»	Monthiers	»
Dufour,	»	Bézu Sr G.	»
Daviot,	»	Villeneuve-s/-Fère	»
Camus,	»	Coulonges	»
Daniel,	»	Tigny	»
Ribeyrol,	»	Hartennes	»
Fabre,	»	Maizy	»
Anon,	»	Bourg et C.	»
Loisel,	»	»	»

MM.
Vely,	négociant, à	Presles et B.	(Aisne)
Moreau,	»	Vailly	»
Gaillard,	»	»	»
Lantenois,	»	Margival	»
Jumelet,	»	Urcel	»
Loisel,	»	Chevregny	»
Allard	»	»	»
Lacroix,	»	»	»
Gilbert,	»	Lierval	»
Roland,	»	»	»
Caudron,	»	Anizy-le-Ch.	»
Mahy,	»	Cessières	»
Thiéfaine,	»	»	»
Cottart,	»	Sons-Chatillon	»
Vignon,	»	Trosly-Loir	»
Lorgue,	»	Rozet-St-Albin	»
Leclère,	»	Missy-aux-Bois	»
Lejeune,	»	Cutry	»
Leclère,	»	Ambleny	»
Bart,	»	Nouvron	»
Lemoine,	»	St-Christophe	»
Vatier Vve	»	Chery-Chartreuve	»
Desprez,	»	Brancourt	»
Parquin,	»	Missy	»
Dupuis,	»	Blérancourt	»
Rincourt,	»	Chateau-Thierry	»
Coqset,	»	Mortefontaine	»
Bataille,	»	»	»
Lourdez,	»	Beuvardes	»

MM.

Legret,	négociant,	à Ronchères	(Aisne)
Carré,	»	Croutes-s/-Muret	»
Brachet,	»	Remies	»
Durand,	»	Morsain	»
Quennouelle,	»	»	»
Duminy,	»	Morsain	»
Brousse,	»	Soissons	»
Hurault,	»	»	»
Coutte,	»	Verberie	(Oise)
Trézel,	»	Hémévilliers	»
Pontus,	»	Cutz	»
Doyen,	»	Duvy	»
Denis,	»	Pierrefonds	»
Moutonnet,	»	Checles	»
Foucret,	»	Bitry	»
Thomas,	»	Trosly-Breuil	»
Basselier,	»	Hautefontaine	»
Dupuis Léon	»	Paris	(Seine)
Lecrique,	»	Reims	(Marne)
Cuzançon,	»	»	»
Cruel-Souris,	»	»	»
Bourré,	»	Fismes	»
Carré,	»	Sézanne	»
Basson,	»	Broyes	(Marne)
Martinet Paul,	»	Charleville	(Ardennes)
Carré,	»	Meaux	(Seine-et-Marne)
Gibert,	»	Oissery	(Seine-et-Oise)
Menut,	»	Barrisis-aux-Bois	(Aisne)

VOYAGEURS

MM.
Rondeau,	voyageur,	à Paris	(Seine)
Pépin	»	»	»
Teissèdre	»	»	»
Cailleux	»	»	»
Alix	»	»	»
Pétersen	»	»	»
Bénard	»	»	»
Cousin	»	»	»
Couret	»	»	»
Lemoine	»	»	»
Grivois	»	»	»
Dupa	»	»	»
Pusztay	»	»	»
Marlière		Vincennes	»
Votte	»	Reims	(Marne)
Jacquemart	»	»	»
Singlit	»	»	»
Oliou	»	»	»
Boutreaux	»	»	»
Blanchot	»	»	»
Fournaise	»	»	»
Taverne	»	»	»
Moglia	»	»	»
Didion	»	»	»
Camus	»	»	»
Toscani	»	»	»
Gaurat	»	»	»

MM.
Cabanel	voyageur, à Reims		(Marne)
Pécheux	»	»	»
Prince	»	»	»
Parfait	»	»	»
Lecocq	»	»	»
Logeart	voyageur, à Epernay		(Marne)
Millard	»	»	»
Bosquet	»	Fismes	»
Aguet	»	Chalons s/Marne	»
Louvet	»	Soissons	(Aisne)
Sidi-Mahomed-ben Kuroch	»	»	»
Grout	»	»	»
Lagarde	»	»	»
Burghel	»	»	»
Cacheleux	»	»	»
Moussu	»	»	»
Dumont	»	St-Quentin	»
Lefèvre	»	»	»
Chiappari	»	»	»
Vaillant	»	Laon	»
Leleu	»	Villers-Cotterets	»
Bridoux	»	»	»
Bordier	»	Vic s/Aisne	»
Léger	»	»	»
Hugot	»	La Fère	»
Ménecart	»	Chauny	»
Francelle	»	Blérancourt	»
Véron	»	Septmonts	»
Cheutin	»	Château-Thierry	»

MM.
Michel	voyageur à	Château-Thierry	(Aisne)
Basquin	»	»	»
Lejeune	»	»	»
Laroche	»	Guise	»
Williot	»	La Capelle	»
Tref Justin	voyageur à	La Capelle	(Aisne)
Zoude	»	Beauvais	(Oise)
Mirat	»	»	»
Renard	»	Crépy-en-Val	»
Dumoulin	»	Nonteuil-le-H.	»
Pascal	»	Compiègne	»
Save	»	»	»
Gomis	»	Vieux-Moulins	»
Vautrin	»	Frétoy	(S^{ne}-et-O^{se})
Mansuy	»	Rouen	(S^{ne}-Inf^{re})
Sebline	»	»	»
Haïjs	»	»	»
Bourlier	»	Charleville	(Ardennes)
Blum	»	»	»
Bochet	»	Romilly	(Aube)
Tref Henri	»	Avesnès	(Nord)
Tref Camille	»	»	»
Vanderdoncqkt	»	Pont St-Michel	»
Werquin	»	Lille	»
Lapointe	»	Houdan	(Seine-et-Oise)
Sévin	»	Amiens	(Somme)
Laversin	»	Roy	»
Guittard	»	Chastrex	(Puy-de-Dôme)
Blanchard	»	Soissons	(Aisne)
Botte	»	Amiens	(Somme)

EMPLOYÉS DE COMMERCE

MM.
Machurez	employé à Soissons	(Aisne)
Corthier	» »	»
Désaissement	employé à Soissons	(Aisne)
Legrand	employé à Sauvignac	(Loir-et-Cher)
Curot	» Châlon s/Saône	(Saône-et-Loire)
David	» Paris	(Seine)
Eeckqlôoo	» Fère en T^{ois}	(Aisne)
Fontaine	» Château-Thierry	»
Pinçon	» Tigny	»
Dessepme	» Meaux	(Seine-et-Marne)
Rossi-César,	» Anizy-le-Château	(Aisne)

MM.
Lemoine,	voyageur à Chauny	(Aisne)
Sampité Jules,	» Soissons	»
Hoëz,	» Blérancourt	»
Mégrini,	» Noyon	(Oise)
Blondelot Emile,	» Roanne	(Loire)
Jarre,	négociant, à Assy-s/-serre	(Aisne)
Café de Foi, tenu par M. Garrier à Soissons		»
Café de la Grosse-Tête, tenu par Padieu à Soissons		»
Hôtel du Commerce, tenu par Lubin à Folembray		»

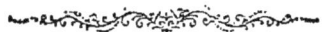

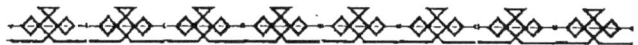

AVANT-PROPOS

Par une magnifique matinée d'été, quand la fraîcheur tiède du matin vous cause ce doux bien-être tant désiré pendant de longues heures de la journée, quand l'air embaumé de la campagne vous enveloppe d'une enivrante lassitude et vous engage à rêver, je cheminais tranquillement dans ma voiture sur la route de Chauny à Ham.

Et j'étais heureux en pensant combien mon métier était relativement plus doux que dans les débuts.

Cette pensée prit une bien plus grande consistance dans le cours d'une maladie dont je fus atteint quelques jours plus tard.

Je résolus alors d'écrire quelques conseils

relatifs aux voyages que j'offrirais gratuitement à un éditeur, m'estimant d'avance trop heureux si j'ai pu ainsi éviter quelques déboires à mes jeunes camarades et contribué pour une petite part au développement de la fortune nationale en rendant la tâche plus facile à ceux par les mains de qui passent tous les produits du Commerce et de l'Industrie.

Ces notes sont pour la plupart écrites dans ma voiture, au milieu des distractions des voyages.

Je réclame à ce titre l'indulgence de mes lecteurs ; les priant d'y trouver à défaut de tout mérite : le bon vouloir.

CONSEILS AUX JEUNES GENS QUI SE DESTINENT AUX VOYAGES

Beaucoup de personnes et surtout les jeunes employés d'une maison de commerce se figurent en général que le métier de voyageur est tout semé de roses et tous leurs efforts tendent à atteindre ce désirata, tous leurs vœux sont faits en vue de cette terre promise.

Que de déceptions amères, cette illusion leur réserve ! Combien n'y en a-t-il pas chez qui le découragement et le dégoût succèdent aux rêves d'or.

Ah, c'est qu'il faut avoir des dispositions naturelles pour le métier qu'on exerce.

Et celui du voyageur exige plus que tout autre, beaucoup de qualités pour être exercé avec quelque succès. Il ne suffit pas de dire : « Je veux » il faut que vous ayez le bonheur d'avoir été bien servi par dame Nature.

Et l'explication des malheureux exemples que nous avons vus trop souvent est très facile à donner : C'est un métier où il faut plaire à un bien grand nombre de gens. Chacun à son éducation, ses défauts, ses goûts. Il faut posséder bien des qualités pour plaire à tous, même aux brutaux et aux impolis.

Aussi avant de vous livrer aux voyages, nous vous engageons fortement, 1° à voir si cette vie nomade vous plaira ; 2° si vous avez les qualités requises.

1° CE QU'EST LA VIE DU VOYAGEUR.

Tous nos lecteurs connaissent à peu près les beaux côtés de la médaille : une indépendance relative ; l'agrément des voyages et du changement sont propres à séduire beaucoup d'imaginations. Mais pour être dans la vérité, il est bon de remarquer que ce qui plaît de temps en temps, lasse à la fin ; et les voyages perdent beaucoup de leur agrément quand ils sont obligés et fréquents. Et les changements de lieux et de gîte qui plaisent à la jeunesse sont un grave inconvénient pour l'âge mûr. Nous avons dit que l'indépendance n'était que relative, car, quoique vous soyez livré à votre propre initiative dans bien des cas, votre patron suit jour par jour le travail que vous faites. Nous reviendrons du reste sur ce sujet.

Après avoir consulté vos goûts, étudiez si vous possédez les qualités nécessaires pour réussir.

2° DES QUALITÉS REQUISES

Les principales sont : l'instruction, le bon caractère, la facilité d'élocution et le tact. Nous les développerons succinctement.

§ I. DE L'INSTRUCTION.

L'instruction, si développée ces dernières années doit entrer dans le bagage de vos connaissances. Mais nous ne pensons pas que tous les voyageurs aient besoin d'avoir fait de hautes études. Pour certains, la chose serait plutôt nuisible : en effet, supposez un avocat offrant de la marchandise à des négociants ne possédant qu'une petite instruction primaire, bien suffisante d'ailleurs pour leur genre de commerce. L'érudit se mettra difficilement à leur portée, emploiera même à son insu des termes que ses auditeurs comprendront difficilement et en somme il les ennuiera et ne fera pas d'affaires. Et puis la nature humaine est ainsi faite : On n'aime pas à se trouver en contact avec des esprits qui vous sont supérieurs ; la gêne et le malaise qui en résultent ne disposent guère aux affaires.

Mais à côté de ces clients il se trouve des industriels, et de hauts commerçants avec lesquels il faut quelquefois discuter mécanique ou hautes mathématiques ; et les voyageurs qui les visitent sont obligés de posséder la science de l'Ingénieur.

Donc, choisissez une branche de façon que le milieu dans lequel vous vous trouverez habituellement ne vous soit pas trop inférieur comme instruction.

§ II. DU BON CARACTÈRE.

Il est presque inutile de développer combien il est nécessaire d'avoir un excellent caractère et une bonne dose de jovialité. Il saute aux yeux de tout le monde en effet combien il serait peu de mise de se présenter chez quelqu'un avec une humeur noire et des airs d'enterrement. Surtout quand après bien des visites, vous êtes d'une certaine familiarité avec vos clients. La plupart vous aimeront bien, si vous avez un air bonasse cachant pas si mal d'esprit et d'à propos, vous avez un caractère gai.

§ III. DE LA FACILITÉ D'ÉLOCUTION.

Vous possèderez une précieuse qualité si vous vous exprimez facilement. Que de victoires vous remporterez sur vos concurrents cherchant les mots et tâtonnant pour dire une phrase! Le client souffrira à les entendre, tandis qu'il vous écoutera, avec patience, énumérer les avantages de votre marchandise.

§ IV. DU TACT.

C'est surtout du tact qu'il vous faut posséder, sans lui point d'affaires possibles. Il est vrai que c'est une rare qualité et que l'expérience sert puissamment à la développer. Mais coûte que coûte, tâchez de l'avoir.

Du premier coup d'œil sachez voir la façon de parler à tel client, l'heure à laquelle vous êtes mieux reçu chez tel autre; évitez d'importuner celui-ci, tandis que vous forcerez la main à cet indécis sans énergie. Sachez, quoique plusieurs fois mal reçu par cet autre, lui faire bonne figure, ne pas vous lasser, et à la fin obtenir sa clientèle, que vous conserverez alors généralement longtemps, tandis que vous vous imposerez à certains caractères fiers mais justes en répondant par de vertes mais polies réponses à des propos déplacés ou de capricieuses boutades.

Si vous vous destinez aux voyages ou que vous y soyez déjà nous nous permettrons de vous donner quelques conseils.

Certains de nos lecteurs, déjà expérimentés, et qui n'ont guère besoin de morale, pourront en trouver quelques-uns inutiles. Nous réclamons leur indulgence, les priant de considérer que quelques-uns de leurs collègues les trouveront peut-être utiles, et notamment les préposés aux voyages.

Les voyageurs contractent généralement la mauvaise habitude de se lever tard. On a pourtant le temps de dormir jusqu'à huit heures! Certainement bien des clients sont mieux disposés aux affaires, et de meilleure humeur après leur déjeuner, mais ce n'est pas général; il faut servir les uns et les autres. D'ailleurs la matinée constitue la moitié de la journée et la gaspiller est une grosse perte. Mais surtout après le déjeuner, ne vous mettez pas à jouer près du feu l'hiver, ou au frais l'été, vous n'auriez plus de courage. Travaillez résolument la journée et faites la partie le soir.

Nous avons dit combien il était important d'avoir du tact. Pour être plus certain de vous, renseignez-vous sur les manières de voir et de faire des clients que vous ne connaissez pas. C'est un point très-important qui vous fera manquer beaucoup d'affaires, si vous n'en tenez pas compte. Quand vous visitez un client pour la première fois, vous êtes à peu près informé, par vos renseignements et par son étalage, de ce qui pourra le flatter dans votre collection. Tâchez de lui mettre sous les yeux du premier coup, de façon à attirer son attention et gagner sa confiance. Si vous avez fait fausse route, recommencez vivement en tenant compte de sa conversation pour être plus heureux. Généralement on peut dire mauvais début, mauvais résultat. Méditez donc ce que l'expérience a appris à votre vieux camarade qui sera heureux si ses conseils peuvent vous être utiles pour pouvoir offrir vos articles. Ne vous présentez ni trop tôt ni trop tard. Le matin surtout, si c'est une dame que vous devez visiter, attendez 'qu'elle ait fini son ménage, car sans cela elle se trouvera généralement mal à l'aise avant d'avoir fait sa toilette et elle cherchera à se débarrasser de vous le plus tôt possible. Mais le soir si vous arrivez trop tard dans une localité pour prévenir vos clients de votre visite du lendemain, vous leur demanderez l'heure à laquelle vous pourrez vous présenter. Ceci est de très bon goût. Tâchez de voir si votre client prend plaisir à voir vos articles, s'il faut les lui montrer vivement, si vous l'importunez, et agissez en conséquence, dans tous les cas ayez terminé les affaires avant l'heure des repas et profitez-en vous même pour vous réconforter à heure fixe. Vous vous en trouverez bien à tout point de vue.

Nous recommandons à la plupart des voyageurs de ne pas forcer la commission d'un client. Les indécis eux-mêmes, vous en voudront s'ils n'écoulent pas bien leur marchandise et vous recevront mal quand vous repasserez. Ceux seulement qui voyagent pour des articles tellement spéciaux qu'ils n'ont pas de clientèle pourront quelquefois insister, mais auprès de certains individus seulement. En général il vaut mieux faire quelquefois un peu moins d'affaires mais avoir une clientèle nombreuse et durable.

Et pour cela il faut laisser de vous un bon souvenir. Soyez doux, poli, souple au besoin, mais jamais plat. Ces qualités jointes à la persévérance, vous feront augmenter sans cesse le nombre de vos clients, tandis que sans cesse vous perdriez ceux que vous possédez, votre maison fut-elle supérieure à beaucoup d'autres, ou bien ceux qui ne veulent pas l'abandonner, se plaindraient à votre patron ce qui serait au moins aussi mauvais.

Gardez-vous de passer pour fat ou fanfaron en vantant votre personne. Vos propos de mauvais goût seraient répétés à vos collègues et exploités à votre détriment. Il en serait de même si par imprudence vous parliez des

Commissions que vous comptez prendre, vous pourriez souvent vous trouver devancé et là n'est pas le cas d'aimer la besogne faite.

Donc, chez le client ou à table, soyez circonpect dans vos paroles et méfiez-vous surtout de vos amis. Avec ces derniers, soyez autant que possible dans de très-bons termes, surtout au début de votre carrière.

Si un client a à se plaindre de votre Maison soyez assez habile diplomate pour tout arranger et éviter de le perdre. Qu'à la rigueur il soit obligé de dire : " J'aurais bien quitté telle maison si son voyageur n'était si gentil. "

Il vous arrivera quelquefois une de ces heureuses occasions, de ces bonnes aubaines que l'on appelle : " Monter un client " c'est-à-dire que vous ferez un assortiment complet chez un nouveau commerçant. Assez généraralement il sera novice ; ne profitez jamais de son ignorance pour l'encombrer de marchandises ou pour le tromper sur la qualité et le prix ; mais au contraire donnez-lui tous les renseignements qui peuvent l'intéresser et acquérez ensuite un titre à son bon souvenir et à sa gratitude.

La manière dont on se présente chez un client a une réelle importance. Je vous conseillerai donc ce qui suit :

Vous devez autant que possible arriver l'air souriant devant le marchand avec lequel vous allez entrer en relations, ne paraître jamais réfléchir, entrer délibérément d'une façon correcte sans jamais avoir l'air pensif. Le cas contraire ferait une mauvaise impression sur la personne que vous ne connaissez pas et avec laquelle vous allez vous trouver en contact. Après votre entrée et après le bonjour traditionnel demandez le patron de la maison quand bien même ce serait à lui-même que vous vous adressez ; naturellement vous êtes censé l'ignorer.

Ces quelques paroles échangées préalablement vous donnent un certain aplomb qui ne nuit pas pour la circonstance. Ensuite vous remettez votre carte. Vous faites poliment vos offres de service ; l'intonnation de votre voix doit être modérée. La personne vous répond presque toujours : je connais votre maison de nom, mais vous savez, je suis en relations avec une qui me fournit bien, je n'ai pas à m'en plaindre ; donc je continue mes affaires avec celle-ci.

Quoique débutant ne soyez pas désarmé par cette réponse, vous devez au contraire convaincre votre interlocuteur que vous êtes possesseur d'une spécialité quelconque qui ferait très-bien dans son rayon. Alors si vous êtes intelligent vous choisissez le moment psychologique sans jamais brusquer, bien entendu. Si vous vous apercevez que vous n'ennuyez pas trop votre client vous lui montrez toute votre collection. Bien souvent on vous remet une petite commission en vous faisant mille recommandations que vous vous empressez de noter. Si, par exemple, le client n'a besoin de rien il n'en a pas moins vu vos articles, il s'est gravé certains genres dans la mémoire et il vous promet une commission à votre prochain passage.

Trois mois après vous rendez de nouveau visite et il est bien rare que vous ne preniez une commission. Ce résultat est la conséquence de votre travail ; ne manquez donc jamais de courage.

PREMIÈRE PARTIE

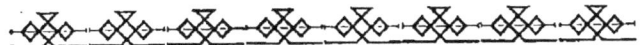

DE L'ORDRE ET DE L'ÉCONOMIE

Il est incontestable qu'à toutes nos actions doivent présider des principes d'ordre et d'économie.

Ces deux précieuses qualités trouvent surtout une application pratique chez le voyageur de commerce.

Je ne saurais trop insister sur ce chapitre. Sans ordre vous n'arriverez certainement à rien de bon. Il en résulte toujours des préjudices plus ou moins graves qui vous atteindront plus ou moins profondément dans vos intérêts.

On n'est jamais trop méthodique, quitte à passer pour maniaque ; excès d'ordre vaut mieux, beaucoup mieux que la négligence.

Nous parlons aussi d'économie ; mais l'une de ces qualités ne va pas sans l'autre ; un négligent ne sera jamais économe, tenez-le pour certain.

Il est de toute évidence, que ces principes d'économie ne peuvent vous être que fort utiles.

Et quand je dis économie, je ne parle pas seulement de celles qui atteignent votre bourse. Vous devez chercher à économiser pour le patron ; il y va de vos propres intérêts et cela est facile à déduire.

Un patron qui reconnaît avoir un voyageur économe, qui n'exagère pas la dépense, sans cependant y regarder de trop près, ce qui serait préjudiciable dans certains cas, saura presque toujours lui en tenir compte. Et une autre excellente raison pour ne pas oublier d'être économe, lorsqu'on peut le faire au profit du patron, c'est que nous avons tous ce vieux levain d'honnêteté qui fermente en nous, lequel nous défend de dilapider les deniers d'autrui.

Tout nous prescrit donc l'économie et je ne saurais trop vous engager à ne pas manquer d'en user largement sans cependant tomber tout près de l'avarice.

LE VOYAGEUR EN VOITURE

Bon nombre de voyageurs, destinés à parcourir un département, ou certaines parties de départements ; qui doivent visiter les petites villes comme les grandes, depuis la modeste commune, le coquet chef-lieu de canton, l'imposante sous-préfecture ou les chefs-lieux de département, n'ont pas toujours à leur disposition le chemin de fer.

Ce mode de locomotion, excellent pour ceux qui ont à parcourir de grandes distances et qui ne voient que des cités importantes, ne peut être employé par le voyageur dans les conditions dont nous parlons plus haut, et cela par la raison toute simple que la voie ferrée ne passe pas partout.

Ah ! je sais qu'il nous reste bien des progrès à accomplir sous ce rapport, et que nous sommes encore loin de ressembler à l'Angleterre et à la Belgique ; notre réseau de chemins de fer, si important qu'il soit, est encore au-dessous des besoins. Mais gardons ce sujet pour un moment plus opportun et revenons à nos moutons.

Le voyageur, disais-je, qui est obligé de faire toutes les petites localités, est astreint pour se transporter, lui et ses nombreux échantillons, à avoir une voiture.

La voiture ! question complexe, multiple, intéressante au plus haut point et sur laquelle nous avons beaucoup à dire. La voiture ! Le cheval ! autant de parties de vous-même, comme si elles étaient de votre propre chair, de votre propre sang, de votre individu en un mot. Ne souffrez-vous pas s'il leur arrive un accident ? Que pouvez-vous faire sans eux ?

Ne protestez donc pas ; je vous dis que le voyageur, son cheval et sa voiture forment un joli trio dont nous allons nous occuper longuement, car il n'est pas de petits détails qui ne puissent vous intéresser et ceux-là ont une réelle importance.

Je ne préconiserai pas ici tel ou tel système de voiture. Cela dépend tout naturellement des colis que nous avons à emporter suivant leurs poids et leurs formes. Mais c'est en général un objet qui coûte fort cher et a, pour cette raison, droit à beaucoup d'égards de la part du voyageur qui s'en sert.

Dans cette occasion, comme partout d'ailleurs, l'homme d'ordre, soigneux, méticuleux, doit régner en maître et ne doit pas négliger un seul instant ce brave véhicule dans lequel il a le plaisir d'être ballotté, secoué, bercé ; ce véhicule qui lui aura procuré quelques bonnes occasions, ce véhicule enfin, dans lequel il se repose quelquefois, dans lequel il souffre : car tantôt il y rôtit et d'autres fois y gèle.

C'est un peu sa maison, en somme, et si tous les soirs le voyageur change de table, de chambre et de lit, le lendemain, il retrouve sa fidèle voiture, qui l'attend, la même, toujours la même ; et ce coussin sur lequel on est si bien, c'est une partie d'elle aussi ; puis elle supporte sans murmurer sa triste destinée d'errante sur la grande route, c'est tout au plus si comme plainte amère, on entend

« l'essieu crier
« sur le gravier »

et roule, roule toujours, jusqu'à ce qu'un membre se brise, et alors c'est pour elle un peu de repos.

Comment ne pas avoir soin d'une si fidèle servante. Aussi, tout voyageur doit veiller scrupuleusement au bon entretien de sa voiture. La propreté est la santé du corps ; appliquons-lui ce principe et n'hésitons pas à la faire laver soigneusement, lorsque des taches de boue sont venues maculer le vernis de sa robe. Après ce bon nettoyage, elle redevient fraîche et reluisante et ce n'est vraiment pas la peine de lui refuser une si belle parure pour la faible somme de 1 fr. 50 que vous aurez à dépenser au maximum pour une semblable opération, lorsque vous le jugerez à propos à votre arrivée à l'hôtel.

Et, pour compléter sa toilette, je vous conseillerai toujours de faire passer sur tous les cuirs un chiffon gras ce qui leur remettra ce que le soleil, l'humidité ou tout autre cause leur a enlevé en partie.

Une voiture ainsi entretenue et entre les mains d'un homme soigneux et intelligent, un homme d'ordre en un mot, aura une durée d'un tiers de plus qu'une autre placée dans de mauvaises mains. Et, comme nous le disions, cet objet ayant une valeur fort appréciable, l'économie réalisée est ainsi fort notable et mérite d'être prise en considération.

Il est un objet indispensable et que vous devez toujours avoir dans votre coffre de voiture : c'est une clef ; il est également indispensable que vous sachiez vous en servir car vous pouvez en avoir besoin. Il n'est certainement pas rare, dans les nombreux et fatigants voyages que l'on fait, qu'il vous arrive un petit accident.

Cette merveilleuse clef vous sert alors, vous n'êtes plus pris au dépourvu, et quelle que soit la partie de votre voiture qui vienne à se détériorer vous arriverez à réparer ou tout au moins à atténuer de beaucoup l'avarie que vous aurez essuyée si vous savez vous en servir utilement. Aussi vous recommanderai-je de ne jamais vous mettre en route sans bien connaître votre voiture savoir au besoin la démonter. Cela n'est assurément pas de trop ; les voyages nous réservent si souvent et tellement d'imprévu qu'il faut constamment être prêt à tout ; on devient ainsi l'homme d'initiative, on se trempe en un un mot, et on arrive à envisager toutes les situations en face.

Je puis vous assurer qu'il y en a quelquefois de peu amusantes, témoin l'aventure qui m'est arrivée une nuit, pendant laquelle je voyageais, ce qui est généralement une imprudence et un mauvais calcul ; je vais me permettre de vous la narrer ; elle est courte, c'est là son mérite.

Je partis donc à dix heures du soir de la petite ville de B*** pour me rendre à quinze kilomètres plus loin. La vue d'un concurrent m'avait fait prendre cette brusque décision. Je précipitai donc mon départ ; c'est toujours en pareil cas une grande faute.

J'avais à peu près parcouru la moitié du chemin lorsqu'un des essieux de la voiture vint à se briser par suite d'un cahot brusque.

Il faisait nuit noire et je connaissais à peine le pays ; où m'adresser pour avoir du secours ? où passer la nuit ? Le parti le plus sage à prendre était d'attendre le jour, je ne pouvais pas laisser là cheval et voiture, ne sachant d'ailleurs, pour ainsi dire, où me diriger.

Vous dire la nuit que j'ai passée ainsi, est chose impossible ; elle me sembla durer bien des heures.

Enfin le jour arriva et par suite de circonstances heureuses je me tirai assez bien d'affaire.

Tout est bien qui finit bien. D'accord, mais avant tout la morale de ceci est qu'il ne faut jamais se mettre en route sans avoir vérifié minutieusement si tout est en ordre, sans cela il peut arriver bien des mécomptes.

Nous disions, il y a un instant, que le voyageur en voiture, doit autant que possible savoir la démonter ; ajoutons même la graisser. Vous ne serez jamais astreint à faire cela, c'est probable ; mais enfin il faut que vous sachiez que, pour graisser une voiture dite essieu à patente, il faut les soins les plus minutieux et une propreté irréprochable. L'essieu doit être poli et aussi luisant que de l'argent et aucun corps étranger ne doit y être attaché. Quelques grains de sable renfermés dans la boîte peuvent occasionner de graves inconvénients.

Vous devez vous assurer surtout si la goupille est bonne à changer, et entretenir constamment de l'huile de pied de bœuf dans les chapeaux.

Autre observation très importante : Vérifier souvent à l'aide de votre clef si les chapeaux sont serrés à fond car dans le cas contraire vous les perdriez.

Enfin il n'est pas de petites précautions qui soient à dédaigner si peu importantes qu'elles puissent paraître. Continuons leur énumération.

Ne jamais laisser votre voiture dehors aux intempéries du temps, faites-la rentrer le soir et mettre soigneusement à couvert, à l'abri de la pluie et surtout des rayons brûlants du soleil.

Il est un objet d'une utilité incontestable et dont tout voyageur en voiture doit être muni. Son emploi est de chaque jour : Je veux parler du garde-chat.

Les chats, race errante et vagabonde, cherchent toujours à se caser le plus commodément possible ; aussi profiteront-ils du chaud abri que leur offriront votre voiture et vos coussins pour s'installer dedans et dessus sans aucune gêne.

Et le lendemain, lorsque vous voulez vous asseoir, vous trouvez la place occupée par un petit monticule de couleur jaunâtre, nauséabond, affectant la forme d'une vulgaire saucisse sans toutefois être aussi friand.

Vous éviterez très facilement cet ennui en mettant ou faisant mettre chaque soir votre garde-chat ; donc, rien de plus facile et l'on serait inexcusable de ne pas prendre cette précaution élémentaire.

Toutes et chaque partie de votre voiture sont également dignes de soins. Que dirait-on d'un propriétaire qui s'occuperait constamment de la solidité des fondations de sa maison et qui négligerait complètement les parties intérieures et la toîture. Cette dernière bientôt ébranlée, s'écroulant sous l'action du temps et de la vétusté, ne serait bientôt plus qu'un amas de ruines.

De même pour la voiture. Si les roues, les essieux, les ressorts doivent être constamment inspectés et entretenus, la capote a droit à vos meilleurs soins.

Si vous voulez la conserver en bon et parfait état pendant de longues années, et vous y avez tout intérêt, chaque jour à votre arrivée à l'hôtel, le soir, recommandez bien au garçon qui est là pour vous servir de tendre tous les compas.

Ne faites jamais capoté entière, demi capote suffit et ce faisant vous ne briserez pas les cuirs.

Et puisque nous sommes sur le chapitre des cuirs n'oublions pas une partie essentielle, les harnais.

C'est là surtout qu'une surveillance attentive et de chaque jour n'est réellement pas de trop.

Aussi serait-ce une incurie, une négligence que nous ne saurions trop condamner que de retarder pour un motif ou pour un autre de faire faire une réparation lorsqu'on la juge nécessaire. Ne jamais remettre cela au lendemain ; un accident est si vite arrivé en route : un trait se coupe, les rênes se brisent, ne peuvent plus maîtriser le cheval et alors c'est la propre vie de l'imprudent qui est en jeu, et il n'est pas rare de rencontrer des exemples qui coûtent cher et qui sont la conséquence de semblables négligences.

En somme, résumons-nous en peu de mots :

La plus simple prudence, l'honnêteté, le devoir nous commandent de prendre le plus grand soin de cette maison roulante que nous appelons notre voiture. On nous l'a confiée, nous avons besoin d'elle, elle nous sert dans le rude combat pour la vie à décrocher chaque jour notre part de pain ; ayons donc pour elle les égards que nous aurions pour tout ce qui nous est cher ; nous nous en trouverons bien.

DU CHEVAL

Mais, ami lecteur, vous m'objecterez que s'il est certainement conforme aux bonnes règles de ne pas mésuser de ce qui est à autrui et que les conseils que je vous donne sont excellents, vous m'objecterez, dis-je, que j'oublie la chose première et que ces conseils devraient s'étendre à autre chose qu'à la voiture.

Vous admettez volontiers qu'elle nous rend d'immenses services, mais en faisant cette réserve que réduite, à ses propres forces, elle ne vaudrait pas grand chose.

D'accord, et je n'aurai garde d'oublier son compagnon, son fidèle serviteur, le cheval, qui est aussi le nôtre.

Non, je ne l'oublierai pas et j'aurais au contraire bien des choses à en dire, si je ne croyais abuser de vos instants. Mais si je restreins la question je ne la supprimerai pas pour cela et me bornerai à ce que tout voyageur doit savoir sur cette matière.

Le choix du cheval pour les voyages doit, pour être convenablement fait, porter sur bien des conditions. Il faut exiger surtout une bête de bonne constitution, robuste, dure à la fatigue et, point essentiel, se nourrissant bien.

Il n'est rien qui me fasse plaisir comme de voir un cheval se mettre à manger après une longue et fatiguante course. Il y a alors dix à parier contre un que vous possédez un animal solide et sur lequevous pouvez compter.

Il va sans dire que la douceur, l'absence de caprice ou de volontés constituent aussi les qualités requises pour vous trouver alors en possession d'un précieux auxiliaire.

En raison du dur labeur, du travail continu et incessant que vous lui demandez, il doit être l'objet de tous vos bons soins et de toute votre sollicitude.

Vous devez exercer autour de lui une surveillance attentive, constante, se portant principalement sur les garçons d'écurie qui sont chargés de la soigner. Veiller surtout à ce que vos ordres soient scrupuleusement exécutés, tant en ce qui concerne la propreté que pour ce qui concerne la nourriture, car il est quelquefois des gens peu scrupuleux, je me hâte d'ailleurs de dire qu'ils sont rares, mais il en existe et c'est assez pour justifier vos craintes à ce sujet.

Lorsque vous rentrez d'une longue course, n'hésitez pas à faire bouchonner votre bête, faites-le vous-même à l'occasion. Et chaque matin au départ voyez si elle est propre, si le pansage a été bien exécuté ; si quelquechose laisse à désirer n'hésitez pas à faire recommencer ; vous payez pour cela, après tout, et j'ai pour principe que lorsque l'on paye pour un ouvrage, cet ouvrage doit être fait bien et consciencieusement sinon il y a une dupe et un dupeur.

Nous ne voulons être ni l'un ni l'autre ; la pièce de 0 fr. 50 centimes que je donne au garçon représente les soins qui doivent être alloués à mon cheval, donc je les veux et les exige. Que diraient-ils, eux, si je les payais en fausse monnaie ? ils seraient parfaitement en droit de me traiter de voleur ; mon droit est le même à leur égard s'ils ne m'ont pas donné du travail équivalent à mon argent.

Cette petite question de droit étant réglée à la satisfaction de tous, passons à un autre sujet et occupons-nous de la nourriture de notre cheval.

Ah ! c'est surtout ce point qu'il ne faut pas négliger.

Vous exigez de cet animal un travail dur, éreintant ; traîner pendant des journées entières, sous les intempéries de n'importe quelle saison, une charge énorme, tant voiture que colis, sans parler en plus de votre personne, et vous auriez le cœur de lui refuser ce qui lui est nécessaire pour qu'il puisse vous rendre tant de services.

C'est par économie, me répondra-t-on, que je le rationne ; il ne m'est alloué que tant par jour et comme mon cheval me mangerait tout si je le laissais faire, il faut bien que je rogne un peu sur sa portion pour faire la mienne plus grosse.

Détestable système que celui-ci, vous répondrai-je, et qui vous amènera une catastrophe un jour ou l'autre, sans compter le peu d'estime que l'on peut avoir pour des gens capables d'agir ainsi.

C'est certainement une bien mauvaise économie que celle-ci.

Lorsque ce cas se présente et que l'on se trouve posséder un cheval de fort appétit, le moyen le plus simple, comme le plus loyal en même temps est d'en faire la remarque à son patron et lui demander une indemnité journalière plus forte, mais ne jamais se rattraper sur la pauvre bête. C'est la meilleure solution, le patron qui reconnaîtra le bien-fondé de vos dires sera assez juste pour y faire droit, et ce supplément de solde qui vous permettra de bien nourrir l'animal qui vous est confié, vous permettra en même temps de lui demander de plus grands efforts.

Il faut cependant se garder de vouloir trop obtenir de lui.

Possédez un bon et excellent cheval dans les conditions que nous venons d'énumérer, ne lui faites jamais, où à de rares exceptions près, parcourir plus de 8 à 10 kilomètres à l'heure.

Ne pas courir en montant les rampes plus ou moins raides, et lorsque vous vous trouvez au contraire sur une pente, tenez toujours votre cheval d'une main ferme de façon à le bien conduire.

Nous ne prêcherons point la brutalité envers quelque animal que ce soit et encore bien moins pour le cheval. On n'arrive jamais à un bon résultat par ce moyen ; mais nous ne voulons pas dire pour cela qu'une correction n'est jamais nécessaire, au contraire. La correction appliquée juste au moment de la faute a un effet des plus salutaires. Châtier, mais non martyriser, voilà ce que nous voulons dire et vous nous comprendrez certainement.

Il est de ces précautions tellement élémentaires, que tout chacun les connaît parfaitement, et si on ne les applique pas toujours c'est plutôt le résultat d'une négligence que celui d'une ignorance de la chose.

Combien ne voit-on pas de chevaux mourir de fluxion de poitrine pour une simple couverture que l'on a oublié de jeter sur leur dos pendant un moment d'arrêt après une longue et pénible course. C'est si vite fait, ça demande si peu de peine que vraiment l'on ne peut comprendre comment de pareils accidents se produisent.

N'oubliez donc jamais cela, mes chers collègues, la santé de votre cheval vous importe au plus haut point ; sans compter le but humanitaire qui vaut cependant bien la peine d'être mis en ligne de compte, n'oublions pas que nous avons en mains les intérêts de notre patron, que négliger le cheval qu'il nous a confié, serait léser ses intérêts, et que cela nous ne devons pas le faire, car notre but constant, notre intérêt, nos engagements, nous obligent au contraire à servir ses intérêts de notre mieux, de toute la force de notre intelligence, de toute la force de notre volonté.

Quelques conseils pour terminer, le sujet est si vaste qu'on trouverait toujours à dire, mais abrégeons.

Evitez de voyager la nuit, en hiver surtout.

Assurez-vous toujours que l'on donne bien à votre cheval l'avoine que vous avez commandée, car il y a certains maîtres d'hôtel peu scrupuleux, le nombre en est restreint il est vrai, mais il en existe qui donnent volontiers trois litres d'avoine au lieu de cinq ce qui est la ration ordinaire.

Lorsqu'un voyageur s'aperçoit d'une fraude (je dis fraude pour ne pas dire autre chose) de ce genre je l'engage à en faire part à ses camarades qui alors étant prévenus auront « l'œil » comme on dit et ne se laisseront pas duper.

Ayez toujours votre lanterne, et surtout prête à être allumée ; veiller à remplacer la bougie. N'hésitez pas à vous en servir aussitôt la brune arrivée ; sans parler des procès que vous éviterez, vous pourrez éviter aussi des accidents.

Je donnerai aussi mon modeste avis sur un point d'hygiène. Je suis partisan de la tonte du cheval deux fois par an. Ainsi dégarni de son poil, il est bien plus facile de le panser à fond et de le tenir dans un plus grand état de propreté.

Lorsque vous conduisez votre cheval en

courant ayez constamment les yeux sur lui, car la plus petite négligence ou distraction peut lui être fatale. Une pierre isolée est beaucoup plus dangereuse que tout un groupe ; elle roule sous le pied de l'animal qui ne se méfie pas et le fait tomber ; alors voilà votre cheval couronné, et vous n'ignorez pas qu'un cheval couronné est le contraire d'un prince : ce dernier lorsqu'il l'est a beaucoup plus de prestige devant ses sujets ; le premier au contraire perd de sa valeur et diminue de beaucoup son prestige.

Lorsque vous vous trouvez à tourner presque brusquement à angle droit, ou pour parler plus vulgairement, dans un tournant difficile, faites un circuit assez prononcé pour éviter de verser ; arrêtez votre cheval si vous en voyez la nécessité.

Prudence est mère de la sûreté
nous a dit le bon Lafontaire et il avait bien raison.

Lorsque deux voitures se rencontrent, vous devez toujours vous ranger à droite de la route dans le sens de la marche. Si vous marchez plus rapidement qu'une autre qui vous précède et que vous vous voyez au moment de l'atteindre, pour la dépasser, obliquez à votre gauche, laissez l'autre à votre droite et brûlez-lui la politesse si les jambes de votre bidet vous le permettent.

En plein hiver, par les fortes gelées, vous avez toujours une route belle et magnifique devant vous ; point ou peu d'obstacles que vous évitez. Mais votre vigilance peut être mise en défaut par un petit tas de crottes que vous jugez bien inoffensives. Ne vous y fiez pas ; cette fiente gelée est devenue dure comme de la pierre, votre cheval peut la heurter et tomber en se blessant. Evitez donc toujours tout obstacle même les plus petits lorsque vous voyagerez par les grands et rigoureux froids.

Les routes, sont fréquemment coupées par les voies ferrées ; il y a encore à agir prudemment. Lorsque vous traversez un passage à niveau mettez votre cheval au pas, car dans le cas contraire vous pourriez, soit casser les ressorts de votre voiture, ou bien si votre cheval est nouvellement ferré il peut se prendre le pied entre deux rails et se briser bel et bien une jambe.

Enfin pour terminer nos petits conseils et observations, recommandons de veiller tout particulièrement au ferrage du cheval.

Je pense, mes chers lecteurs, que vous reconnaîtrez comme moi la justesse de tous mes dires et je désire que vous n'oubliez jamais toutes ces recommandations que, sans exception, nous pouvons qualifier d'essentielles et qu'un débutant peu au courant de toutes ces choses pourrait fort bien négliger à son grand préjudice ainsi qu'à celui de son patron dont il est cependant le défenseur en titre de ses intérêts.

Quelques prérogatives sont attachées à la qualité du voyageur qui se sert pour ses tournées du véhicule dont nous venons de parler, en un mot du voyageur en voiture.

Il est de notoriété que tout voyageur dans ces conditions ne paye pas de chambre. Au début de mes voyages, étant encore bien novice dans le métier, certains maîtres d'hôtel, flairant l'aubaine apportée par un jeune inexpérimenté, ont essayé de me compter la chambre.

J'ai horreur des abus, celui-ci ne me plût pas plus que les autres, aussi je me souviens toujours de ces maîtres liardeurs et aujourd'hui je ne leur donne point ma pratique.

Tout voyageur en voiture n'est astreint à donner la pièce aux domestiques et serviteurs que pour les motifs suivants, savoir :

Cinquante centimes pour le service de chambre.

Cinquante centimes pour la nuit du cheval au garçon d'écurie.

Ordinairement le service de chambre est compté sur votre note, c'est la coutume ; lorsqu'il n'y est pas vous le donnez à la bonne ou au garçon de chambre.

Le service d'écurie ne doit jamais paraître sur votre note.

J'ai donné comme tarif 0 fr. 50 pour la nuit et 0 fr. 25 pour une station ou lorsque vous dételez pour déjeuner seulement. C'est là le pourboire minimum, libre à vous de l'augmenter en raison des services que vous aurez cru de votre devoir d'exiger.

Il est utile de connaître tous ces petits renseignements qui la plupart du temps n'étant pas familiers aux débutants, les embarrassent, les gênent dans la peur qu'ils ont de ne pas se conformer aux us et coutumes des autres voyageurs.

Jeunes ou futurs collègues faites en donc votre profit.

DES RAPPORTS
avec les domestiques, garçons et en général les serviteurs dans les hôtels.

Quelques voyageurs, se croient autorisés, vu leur situation de fortune, leur position dans la société, à traiter du haut de leur grandeur, impoliment même le personnel salarié des hôtelleries, auberges, cafés où ils vont prendre leur repas et stationner pour leurs affaires. Selon moi c'est une grave inconvenance et je ne saurais approuver, suivant les grands principes égalitaires, cette déplorable manière d'agir.

Et en vertu de quel droit, et pourquoi donc traiterions-nous en parias ces gens, braves et honnêtes en général, qui nous servent chaque jour ?

Je ne vois pas une seule bonne raison.

Voudriez-vous revenir, par hasard au bon vieux temps où la naissance vous donnait des droits sur vos semblables, et nos pères auraient-ils vainement versé le meilleur de leur sang pour établir les immortels principes de 1789 ?

Je ne le crois pas.

Le contraire m'apparaît bien plus évident, bien plus rationnel, bien plus humain.

Si les hasards de la vie, vous ont donné ou mis à votre disposition des serviteurs, je dis que vous devez les respecter comme vos égaux car ils le sont bien réellement et si vous jouissez d'une situation qui parait supérieure à la leur vous ne le devez qu'à une suite de circonstances fortuites, lesquelles en variant quelque peu auraient fort bien pu vous mettre à leur place.

Voudriez-vous alors avoir à supporter les outrages dont vous les gratifiez quelquefois? outrages que vous savez pertinemment qu'ils ne vous rendront pas, car ils encourraient la colère, je devrais dire l'injustice de leur patron, qui voyant son intérêt avant tout, n'hésitera pas à prendre parti pour vous contre eux.

Je ne vois qu'un seul mot pour qualifier une semblable conduite, c'est « *lâcheté.* »

Oui lâcheté d'insulter qui ne peut vous répondre ; lâcheté d'outrager votre semblable qui en somme si vous le payez vous rend du travail en échange. Ah ! agir ainsi c'est faire preuve d'une âme bien petite, et je le dis à ma plus grande confusion j'ai vu de ces choses, je les ai entendues, j'en ai porté le rouge de la honte au front.

Je me plais à croire que de telles bassesses sont rares.

Au nom de nos immortels principes démocratiques je flétris ces ignominies et je proclame bien haut le dégoût qu'elles me causent.

Jésus-Christ, ce philosophe, ce penseur, ce premier républicain qui a dit le premier « aimez-vous les uns les autres » avait jeté là les bases d'une bien belle thérorie. Il a fallu depuis 1789 ans pour que des hommes pour lesquels il adressait de si belles paroles voulussent enfin les mettre en pratique au prix des plus grandes souffrances, au prix de leur sang. Et las enfin de supporter le joug de maîtres brutaux, de soudards avinés, de rois débauchés, voleurs et cruels, ils secouèrent ce joug de leurs épaules robustes et jetèrent dans le néant toute cette tourbe haut placée qui alla choir aussi bas qu'elle se croyait haut perchée. Le serf, l'esclave devint rent libre; l'ouvrier, l'artisan furent maîtres de leur travail et, de ceat caclysme épouvantable, sortit une ère de liberté qui sembla bien douce à toutes ces victimes des grands, à tous ces nobles prolétaires, bien des fois plus nobles que ceux qui s'arrogeaient injustement ce droit et ce nom.

En fait de noblesse je n'en admets qu'une, c'est celle du cœur.

Noble cœur, dit-on, pour exprimer nos sympathies envers celui qui est juste et bon. Appellation mille fois méritée et la seule équitable.

Ne nous ravalons pas dans la fange, en méprisant ou insultant gratuitement nos semblables qu'une fatalité a faits nos serviteurs. Elevons-nous au contraire en les traitant avec douceur, en nous mettant avec eux sur le pied d'égalité, ce qui n'est que droit et justice.

Le domestique vaut son maître, quelquefois bien davantage. Toutes nos relations doivent porter l'empreinte d'une cordialité se basant sur l'échange mutuel de services qu'ils nous rendent et que nous leur payons.

Je suis bien assuré d'avoir votre approbation sur ce sujet ; tout homme sensé, droit dans ses vues, porte dans son cœur ce sentiment d'égalité, de fraternité qui sera parmi les siècles l'éternel honneur de nous, Français, qui avons su les premiers en imposer les principes à la face du monde entier au péril des vies de nos ancêtres.

Continuons donc ces glorieuses traditions et que nulle force humaine ne nous en fasse dévier.

Nous devons être et serons toujours frères.

Il est bien entendu que nous n'avons en vue dans notre sujet que les reproches immérités qui sont adressés quelquefois bien injustement.

Voilà, mes jeunes amis et collègues, de bien belles pensées que nous nous sommes forcé d'exprimer de notre mieux. Elles sont, je n'en doute pas, gravées dans votre esprit ; et si je suis peut-être au-dessous de la tâche que je me suis imposée, vous ne remarquerez, je vous en prie, et ne tiendrez compte que de l'intention qui sans conteste était et est bonne.

Pour faire trêve à toutes ces choses sérieuses, que nous reprendrons bientôt, ne pourrions-nous pas intercaler une joyeuse histoire qui nous distrairait l'esprit et nous reposerait l'intelligence ?

Nous allons en tous cas l'essayer.

ANECDOTE

LE PUITS DE KERGOLOËT

Ils étaient six braves et nerveux gars autour du puits communal de Kergoloët, qui devisaient de choses et autres, de la pluie et du beau temps. C'était par un beau dimanche de juillet, et l'on se reposait gaiement, en bavardant, des durs labeurs de toute la semaine.

L'un parlait de sa belle, l'autre de ses champs et la conversation allait bon train, lorsqu'un d'entr'eux, s'avisant de regarder dans le puits, aperçut son image se reflétant dans l'eau et jeta tout-à-coup un cri d'alarme.

— Il y en a un de nous tombé dans le puits.

Chacun vérifia l'allégation du premier et à tour de rôle se mirant dans l'onde pure en reconnut la justesse.

Que faire, quel parti prendre, on était affolé, comment agir efficacement.

Et chacun en se penchant apercevait l'infortuné qui gisait la face resplendissante dans l'eau.

Il ne fallut pas aller loin pour trouver une solide gaule qui, tendue en travers de l'ouverture du puits, permettrait au premier de se cramponer après et les autres se glissant ensuite iraient bien jusqu'au fond en se tenant par la ceinture, chercher l'infortuné qui prenait un bain si prolongé.

Qui fut dit fut fait.

Le premier étreignit fortement la barre de bois et son corps se balança bientôt dans le vide.

Une grappe humaine se suspendit après lui.

Mais ça devenait lourd, d'un lourd qui vous brisait les muscles.

Las, n'en pouvant plus, celui qui tenait la barre jeta un cri de détresse et avertit que ses forces s'épuisaient. Il fallait donc remonter. laisser ainsi presque accompli un sauvetage si émouvant ?

Jamais !

Et l'on entendit alors l'un d'eux crier au premier :

— Eh ! crache donc dans tes doigts, *feignant* ?

Quelle dégringolade, mes amis, l'ami du haut suivant le conseil si opportun, lâcha la barre pour cracher dans ses doigts afin de les rendre plus souples plus résistants, et la grappe humaine retomba lourdement dans le fond du puits qui heureusement ne comptait pas plus d'un mètre d'eau.

Un peu naïfs, n'est-ce pas, les gars de Kergoloët?

FRANCHISE, HONNÊTETÉ & SERVIABILITÉ

J'ai toujours eu un faible pour les vieux proverbes ; et, pour la circonstance spéciale du sujet à traiter, je crois qu'il n'en est pas un meilleur que celui-ci que nous ont légué nos pères.

« Bonne renommée vaut mieux que ceinture dorée. »

C'est bien là la pierre d'achoppement de notre temps, conséquence forcée de notre civilisation.

Ceinture dorée ! allégorie tentante et qui fait oublier si souvent la bonne renommée.

L'or ce roi du jour fait commettre sans cesse un nombre infini de bassesses ; la cupidité est éveillée en entendant ce nom, on ne jure plus que par lui.

De l'or, de l'or, c'est le rêve constant, la préoccupation continuelle, l'objectif de toutes nos peines, de tous nos efforts.

Louables sont ces veillles, ces peines, ces efforts lorsqu'ils tendent vers un but honnête, tel que la création de choses utiles, l'amélioration de nos procédés et forces industrielles, l'élévation de nos sciences et arts, en un mot tout ce que peut produire de bon le travail, le noble travail s'entend.

Mais combien sont blâmables, au contraire, les actions viles et basses qui ne choisissent pas les moyens, moyens bien souvent inavouables pour arriver toujours à ce résultat : se procurer de l'or sans se préoccuper de l'autre partie, la renommée.

Quel remède à porter à cet état de choses ?

Il ne m'appartient pas de le rechercher; à d'autres plus autorisés : car moi je n'en vois guère.

Mais ce que je m'efforcerai toujours de faire, ce sera de répéter sans cesse et chaque fois que j'en trouverai l'occasion, de suivre toujours les inspirations de notre conscience, qui bien souvent, toujours même nous indique nettement le chemin si droit de la vraie honnêteté.

L'homme honnête possède forcément cette autre qualité : la franchise. Elles ne sauraient marcher l'une sans l'autre, aussi ne les rencontrez-vous jamais seules.

D'honnête et franc il n'y a qu'un pas pour être serviable et c'est là je crois la qualité maîtresse des voyageurs de commerce.

En trouverait-on un seul qui ne soit disposé à rendre service à son collègue, soit pour renseignements commerciaux, soit pour autre chose ; je ne le crois pas et en tous cas ils sont bien rares ceux qui sont égoïstes.

Tous au contraire sont toujours disposés à s'entr'aider mutuellement sans y être obligés, mais par cet esprit de bonne camaraderie, de serviabilité qui règnent dans notre honorable corporation, plus que dans tout autre. Sans règles et sans autres statuts que ceux élaborés par de bons et braves cœurs, ils parviennent à établir entre eux *une vraie fraternité*, franc-maçonnerie minuscule, je dis minuscule, car l'autre est si immense, mais également féconde en bons résultats.

Oui, fraternité, voilà le mot qui résume tout; avec lui nous trouverons la raison pour laquelle tous ces voyageurs qui sillonnent la France savent si bien se tendre la main pour s'entr'aider tous.

Ces démonstrations ne sont pas seulement platoniques ; vous connaissez tous les deux sociétés qui s'occupent de nous procurer le bien-être nécessaire, pour soulager certaines infortunes qui peuvent atteindre chacun de nous. Nous reparlerons plus loin de ces excellentes institutions basées sur la solidarité.

Continuez donc, jeunes ou futurs voyageurs, les belles et nobles traditions de vos devanciers ; soyez toujours honnêtes, francs et serviables, et quoiqu'il arrive vous aurez ainsi acquis l'amitié et l'estime de tous vos collègues.

La vieille gaîté gauloise n'est point tarie en France. Je me rappelle une bonne blague que me raconta mon grand'père et que je vais vous narrer de mon mieux.

Deux braves Picards se rendaient au marché franc d'une de nos sous-préfectures, menant chacun une vache en laisse qu'ils allaient vendre après l'avoir préalablement engraissée pendant de longs mois. Les ayant jugées grasses à point, ils allaient les livrer au boucher qui se montrerait le plus généreux pour le prix.

Ils marchaient donc tout en devisant de choses et d'autres, de la pluie, du beau temps, lorsqu'ils virent au milieu de la route un objet.... comment dirai-je, peu odoriférant qu'un farceur avait déposé là pressé par un besoin comme nous en ressentons tous.

Le bel... objet s'offrit donc à leurs regards

étonnés et il germa dans la tête de l'un d'eux une de ces idées folles et vantardes émises sans réflexion.

Je parie, dit-il à l'autre, ta vache contre la mienne que tu ne mangerais point cela.

Proposition bizarre ; notre second paysan, âpre au gain, avare, ne vit là qu'une occasion de s'enrichir à peu de frais et sans réfléchir aussi accepta le pari.

Sans [plus tergiverser, le voilà donc à genoux sur la route se mettant en devoir d'ingurgiter le tas en question.

Ah ! ça n'allait pas tout seul, mais petit morceau par petit morceau, il engloutissait quand même, faisant des efforts surhumains pour gagner son pari, mais ayant bien peur, ayant presque la certitude de le perdre.

Notre autre Picard en considérant les progrès de l'opération et voyant déjà la moitié du.... pari disparu, faisait d'amères réflexions et maudissait en lui-même la malheureuse idée qu'il avait eue de proposer un tel pari. Il allait perdre assurément, pensait-il, puisque l'autre en avait déjà mangé la moitié.

Voyant sa vache perdue, pris de peur, tremblant, il prit cependant une résolution virile et énergique.

Tiens, dit-il, au pauvre diable qui se voyait sur le point de perdre, ne pouvant plus manger de sa m...archandise, ce qu'il ne soupçonnait pas, veux-tu que je mange l'autre moitié et nous serons quittes ?

Vous pensez si l'autre accepta.

Et voici comment nos deux Picards déjeunèrent si non bien, du moins à bon marché.

Contents tous les deux en entamant le pari, contents ils furent en le terminant de cette façon ; aucun ne perdit, au contraire.

LES CHEMINS DE FER

S'il est une question importante entre toutes pour les voyageurs de commerce, c'est assurément celle des voyages en chemins de fer. Depuis déjà longtemps, nous réclamons certains droits qui certainement devraient nous être accordés sans contestation par les compagnies.

En effet, si les compagnies de chemins de fer ont un trafic plus ou moins considérable, n'est-ce pas au zèle, à l'activité des voyageurs de commerce qu'elles le doivent?

Leur intérêt est de faciliter leur tâche, de leur permettre de circuler rapidement, dans les meilleures conditions possibles.

Cependant, les compagnies nous ont refusé tout d'abord de nous autoriser à prendre des wagons de seconde classe avec des billets de troisième lorsque les nécessités du service l'exigeaient. Un deuxième point essentiel, la tolérance de 50 kilog. de bagages au lieu de 30 n'a pas eu plus de succès, du moins parmi la plupart des compagnies.

Citons à ce sujet un extrait du *Petit*

Journal qui vous éclairera complètement sur la question, après quoi nous ferons ensuite nos commentaires.

Sous le titre : *Les Carnets de circulation*, nous lisons :

« Depuis longtemps les voyageurs de commerce réclament des compagnies de chemins de fer une réduction sur le prix des places, réduction qui semble absolument légitimée par le nombre des voyageurs effectuant des parcours considérables sur tout le réseau français.

« Au banquet de la Société de protection des voyageurs de commerce, M. Dautresme, ministre du commerce et de l'industrie, avait promis de s'occuper de cette question et de soumettre une proposition à son collègue des travaux publics pour que celui-ci saisisse à son tour les compagnies de chemins de fer.

« Le ministre du commerce a tenu parole et il vient d'adresser à M. Georges Carton, président de la Société mutuelle des voyageurs de commerce, une lettre dans laquelle la question est examinée à fond et qui est une analyse détaillée des propositions faites par M. Dautresme à son collègue M. Loubet, ministre des travaux publics.

« Examinant d'abord la situation du déclassement qui avait été proposé en faveur des voyageurs de commerce, le ministre déclare que ce moyen, ou tout autre analogue, heurterait le sentiment d'égalité profondément implanté dans l'opinion publique et semblerait créer une inégalité que ne compenserait pas le nombre des voyages effectués par les représentants de commerce.

« Ce qu'il faut c'est un moyen facilitant les voyages pour tout le monde, moyen dont les voyageurs de commerce profiteront plus que tout le monde puisque leur profession les oblige de passser en wagon une grande partie de leur temps.

« La compagnie d'Orléans avait proposé de faire payer une prime de 330 fr., une fois payée, qui donnait droit à chaque voyageur à l'obtention de billets avec 50 % de réduction.

« Ce système n'était en réalité qu'un trompe-l'œil, puisqu'à la réduction de 50 % il fallait ajouter le prix de la prime.

« Ce système ne devenait avantageux que pour les voyageurs effectuant un parcours de 10,000 kilomètres.

« Il eut été applicable peut-être si toutes

les compagnies françaises l'avaient accepté, mais la compagnie d'Orléans seule avait offert d'utiliser ce moyen. Il a donc fallu renoncer à ce système de réduction de tarif.

« Le système auquel le ministre s'est arrêté peut s'appeler : « Système des carnets de circulation ». Il permettrait à tout le monde de voyager à prix réduit sur tout le réseau français.

« Les compagnies vendraient des carnets de chèques représentant une somme kilométrique déterminée et dont le prix s'abaisserait proportionnellement à mesure que le parcours acheté serait plus considérable.

« Un voyageur par exemple, qui achète pour 30,000 kilomètres de parcours, paye moins cher par kilomère que celui qui n'en achète que pour 20,000.

« C'est du reste le système employé dans toutes les compagnies pour le transport des marchandises.

« Le porteur du carnet détacherait un chèque de son carnet sur lequel il inscrirait les gares d'arrivée et de départ, ainsi que le nombre de kilomètres entre les deux gares, et au guichet on lui donnerait en échange de son chèque un billet ordinaire sans qu'il ait à verser aucune somme, puisque le carnet aurait été payé d'avance.

« Le contrôleur, à l'arrivée, recevrait donc du voyageur un billet semblable à tous les autres, ce qui éviterait tout froissement et sauvegarderait l'égalité de tous.

« Telles sont dans leurs grandes lignes les propositions faites par le ministre du commerce et qui seront transmises aux compagnies des chemins de fer par le ministre des travaux publics.

« Il ne paraît pas possible que les compagnies se refusent à accepter ce système, qui est également avantageux pour elles, pour les voyageurs de commerce et pour tout le public, puisque les carnets de circulation seraient mis à la disposition de tout le monde ».

Tout cela est fort bien et je reconnais que le « système des carnets de circulation » est certainement très bon et que le public bénéficiera ainsi de l'ingéniosité de l'invention.

Mais si le public se trouve satisfait avec cela, je déclare que pour ma part je ne le suis pas complètement, si nous n'ajoutons à cela le déclassement qui peut d'ailleurs parfaitement se faire sans froisser en quoi que ce soit les sentiments d'égalité que je suis le premier à mettre toujours en pratique.

Mais je crois fermement que nous, voyageurs, qui sommes, nous pourrions employer cette expression, de bons clients pour les compagnies de chemins de fer, nous devrions bénéficier d'une certaine remise comme en bénéficient les clients les meilleurs dans toutes les maisons de commerce.

Tirons des exemples dans la vie journalière qui nous montreront parfaitement l'évidence de la chose.

Mon boucher vendait la viande, il y a quelques mois, 2 fr. le kilog. en moyenne ; aujourd'hui il ne la fait payer que 1 fr. 70.

Les petits ménages comme le mien, deux ou trois personnes au plus et qui par conséquent consomment peu, paient parfaitement la viande 1 fr. 70 le kilog.

Mais, le restaurateur, mon voisin, qui achète vingt fois plus que moi ne paie la même marchandise que 1 fr. 30 à 1 fr. 40.

Ou si vous aimez mieux, il ne paie pas plus un morceau de qualité supérieure que moi un morceau de qualité inférieure à poids égal, bien entendu.

A quoi doit-il cette faveur ? naturellement

à cela : qu'il consomme beaucoup plus que moi.

Ce fait absolument vrai se répète tous les jours à des milliers d'exemples, au vu et su de tout le monde et cependant personne ne réclame, l'égalité n'est pas froissée, car il est de toute évidence que cela doit se passer ainsi.

Et Monsieur le Ministre verrait un grave inconvénient à ce que nous, consommateurs en quantité de kilomètres, nous ayons la faveur de les passer en qualité supérieure, c'est-à-dire en seconde classe, en ne payant que le prix de la qualité inférieure, c'est-à-dire la troisième classe ?

Mais je n'en crois rien, absolument rien, et il est bien peu de gens qui viendraient nous contester cette faveur. Et quand je dis faveur, je devrais dire droit, car c'est bien réellement notre droit. Nous ne demandons là que ce qui se passe partout et tous les jours ; ce n'est pas une exception c'est au contraire le droit de faire et d'agir comme tout le monde que nous voulons obtenir.

Je ne me dissimule pas qu'avec des richissimes et avares Compagnies de chemins de fer il nous sera bien difficile d'avoir gain de cause. Mais ne nous décourageons pas, demandons et demandons sans cesse, nous finirons peut-être par obtenir.

Quant à la question de l'augmentation du poids des bagages, c'est-à-dire 50 k. au lieu de 30 k., nous la faisons marcher de pair avec celle ci-dessus et nous la réclamerons aussi avec la plus grande énergie.

Le déclassement serait d'autant rendu plus facile par l'adoption des carnets de circulation. Le contrôleur qui verrait dans un wagon de 2e classe un voyageur muni seulement d'un billet de 3e, se rendrait compte immédiatement qu'il n'y a pas fraude en lisant sur le carnet la profession du voyageur.

Mais, me direz-vous, ces carnets pourront se prêter et on causera ainsi un réel préjudice aux Compagnies de chemins de fer.

A cela je vous répondrai qu'il est très facile de remédier à cette sorte de fraude, en punissant d'une amende très forte et le voyageur qui aurait prêté son carnet et celui qui l'aurait emprunté de façon à leur ôter toute envie de recommencer.

Et ne croyez pas que les justes et légitimes revendications de voyageurs de commerce datent seulement de quelques années, ce serait une erreur. Voilà déjà longtemps que la question est en jeu sans jamais avoir reçu la solution qu'elle méritait.

Nous ferons l'historique de la question en nous servant de la parole autorisée du collaborateur de la *Petite République Française*, M. Jean-Jacques.

« Depuis trente ans bientôt, l'Association des voyageurs et des commis de l'industrie et du commerce demande aux Compagnies de chemins de fer français certains avantages de nature à augmenter la prospérité de leur profession, et d'augmenter en même temps les facilités du trafic en France.

« Depuis trente ans aussi, elle essuie échec sur échec, sans qu'aucun de ses griefs soit admis. Je veux prendre en main la cause de ces intéressants auxiliaires de l'industrie nationale et l'appuyer de toutes mes forces, parce qu'elle me semble absolument juste et que, si elle n'est pas gagnée déjà, elle doit son échec à une néfaste routine et à l'entêtement que mettent certaines Compagnies de chemins de fer à ne pas vouloir comprendre que la prospérité du trafic sur leurs lignes est intimement liée à la prospérité même de leurs exploitations.

« C'est de 1861 que part la première demande qu'ils adressent aux Compagnies de chemins de fer.

« Les compartiments de 3ᵉ classe, ceux dans lesquels prennent d'ordinaire place, en raison de leurs ressources, les commis-voyageurs étaient à cette époque construits sans le moindre confort. C'était le compartiment dans tout ce qu'il peut avoir de rudimentaire : quatre cloisons et deux bancs. Rien de plus.

« Les voyageurs de commerce pétitionnèrent une première fois pour demander qu'un certain confort fut introduit dans la construction de ces compartiments. Leur demande fut repoussée.

« La même année, le président de leur Association, feu M. Dewinck se faisant l'écho de l'association tout entière écrivit au Directeur de la Compagnie de l'Ouest pour obtenir que les voyageurs de commerce, pussent avec un billet de 3ᵉ classe profiter des avantages du déclassement et prendre place dans un compartiment de la classe immédiatement supérieure.

« Nouveau refus par cette lettre dont je veux reproduire la fin, car elle est bien joyeuse :

« J'ai l'honneur de vous informer que la Compagnie, aux termes de ses règlements, n'accorde de faveur dans les conditions de transports qu'aux indigents et aux expéditeurs qui sont tenus d'accompagner leurs transports, comme les conducteurs de bestiaux. Or, les employés de commerce ne peuvent être assimilés à aucune de ces catégories de voyageurs.

« S. Julien. »

« En résumé les Compagnies refusèrent d'établir une distinction entre les commis-voyageurs et les autres catégories de citoyens.

« C'est l'argument qui fut opposé à toutes les nouvelles demandes que l'association des voyageurs de commerce fit dans l'avenir.

« En 1864, ayant abandonné l'idée de réclamer la faveur du déclassement, M. Dewinck tâcha d'obtenir pour ses administrés que la gratuité des bagages fixés à 30 kilos fussent portés à 50 kilos. Mais les Compagnies de chemins de fer ne firent aucune concession.

« Neuf années s'étaient passées. La guerre éclata. Les charges des Sociétés d'exploitation de chemin de fer furent énormément augmentées. Ce n'était pas le moment de leur demander un sacrifice, mais en 1880 quand la tranquillité fut revenue, quand les affaires eurent repris un cours stable et normal, M. Dietz-Monin, successeur de M. Dewinck, décédé dans l'intervalle, reprit la tâche de son prédécesseur et se mit en devoir d'obtenir pour ses collègues les avantages suivants :

« Le déclassement, ou un tarif d'abonnement spécial aux voyageurs du commerce et de l'industrie. La gratuité des bagages portée à 50 kilos.

« M. Varroy, alors ministre du commerce, prit la demande en sérieuse considération ; il en fit l'objet d'une circulaire envoyée aux Compagnies de Chemins de fer, mais encore une fois le résultat fut négatif.

« En 1881, une pétition fut organisée, on réunit 6,159 signatures et 37 chambres syndicales s'y joignirent pour tâcher d'obtenir, au lieu du tarif d'abonnement spécial, la faveur de créer des billets kilométriques différentiels.

« En 1384, le ministre Raynal imitant son prédécesseur Varroy, transmit à M. Dietz-Monin un nouveau résultat négatif.

« En 1887, les voyageurs de commerce s'adressèrent une dernière fois à M. Dautresme. Il leur fut répondu, comme en 1861, qu'aucune distinction ne pouvait être établie par les Compagnies entre les citoyens. Que si les voyageurs de commerce obtenaient des avantages, d'autres catégories de travailleurs en réclameraient aussi, sans que pour cela le trafic des voyageurs de toutes sortes augmentât.

« Les voyageurs de commerce et les commis de l'industrie maintiennent leurs réclamations et ils ont raison.

« Ils font d'abord ressortir, très logiquement, que certaines professions jouissent déjà des avantages qu'ils réclament eux-mêmes.

« Ils citent par exemple, les artistes dramatiques ou lyriques, lesquels voyagent par groupe de six profitent du déclassement moyennant une rétribution de 25 0/0.

« C'est un précédent cela et on peut en déduire que la Compagnie ne soit pas conséquentes avec elles-mêmes, lorsqu'elles prétendent prendre pour base de leurs règlements l'égalité entre citoyens.

« On peut en déduire aussi que, bien examinées, les propositions de l'Association des voyageurs de commerce sont dignes de plus d'étude, car, je le répète, les représentants de commerce forment en France, une catégorie de travailleurs qui donnent au mouvement commercial une véritable et utile impulsion. Plus les avantages dont ils jouiront seront grands, plus, à mon avis, les affaires se feront facilement et nombreuses. Et les affaires se traitant dans de bonnes conditions, n'est-ce pas une partie de la prospérité d'un pays cela ?

« Que les Compagnies y réfléchissent donc ; les voyageurs de commerce citent l'exemple de la Belgique, où l'Etat a pris en considération leur situation et où de sérieux avantages leur sont accordés pour le plus grand bien du pays et de ceux qui collaborent à sa richesse. »

Qu'ils nous soit permis ici de remercier les hommes éminents et les écrivains généreux qui prennent la défense de notre cause, juste et recommandable à bien des titres. Je sais que les sympathies de tous les gens réellement soucieux des intérêts du commerce de notre France nous sont acquises, nous sommes heureux de le constater, c'est un honneur pour notre belle corporation ; qu'ils reçoivent donc tous nos remerciements pour leur dévouement et leurs efforts à nous être utiles.

Il n'est certainement pas possible de faire, en notre faveur, un plus éloquent plaidoyer que celui que nous venons de lire.

Quel résultat avons-nous obtenu après tant de peines, tant de discussions, tant de démarches, tant de bonnes volontés sacrifiées ?

Rien absolument, c'est là le résultat.

Mais que l'on ne s'y trompe pas, nous n'abandonnons pas pour cela la partie, et un jour où l'autre nous espérons bien que l'on fera enfin droit à nos justes revendications.

Il y a encore dans nos cœurs assez d'énergie pour maintenir sur l'eau les questions dont nous venons de parler, questions qui s'imposeront demain plus encore qu'aujourd'hui et les jours suivants plus que demain.

En présence des crises commerciales que nous subissons, en présence de ces arrêts qui paralysent l'industrie, je dirai que c'est une immense faute, plus même, un crime, que ne pas favoriser par tous les moyens possibles la facilité des relations commerciales dont les voyageurs de commerce ont presque le monopole.

Ces choses-là s'imposent par la situation

actuelle ; quand donc aurons-nous un ministre énergique qui, pesant de sa haute autorité sur les Compagnies de chemins de fer, arrive enfin à nous faire accorder ce que nous sollicitons depuis si longtemps.

Ah ! je n'ignore pas que l'on se heurtera toujours à ces puissantes Compagnies qui font à peu près ce que qu'elles veulent et se moquent des réclamations qu'on leur présente comme des ordres qu'on pourrait leur donner.

Il n'y a pas seulement dans cette question, un misérable intérêt, un dividende de quelques sous plus fort à distribuer aux actionnaires, il y a aussi au-dessus de cela, les intérêts de la nation, les intérêts sacrés de la Patrie qui sont en jeu et contre lesquels on devrait briser sans pitié tous les obstacles quels qu'ils soient.

L'union fait la force, appliquons donc ce principe, unissons-nous, agissons et travaillons sans cesse pour arriver au but que nous désirons, faisons agir les influences que nous pouvons avoir et alors un jour ou l'autre il faudra bien que l'on fasse droit à nos justes demandes.

Réduction des tarifs, déclassement, augmentation du poids des bagages gratuitement, tel sera le mot d'ordre, la tâche que nous nous imposerons et nous n'y faillirons pas.

SOBRIÉTÉ
Evitez les funestes entraînements du Jeu

Sans avoir la prétention de m'ériger ici en moraliste austère, je ne puis m'empêcher de vous dire quelques mots, mes chers et jeunes collègues, sur le chapitre de la sobriété et des conséquences du contraire.

S'il est un homme qui doit toujours avoir intactes et saines toutes les facultés de son être, c'est assurément le voyageur de commerce.

Le manque de sobriété, l'ivrognerie en un mot, est l'écueil qu'il faut surtout éviter comme étant absolument contraire à la conservation de ces facultés, de notre intelligence.

Les occasions se montrent si tentantes, si fréquentes dans cette vie, je dirai un peu de bohême, que nous menons, qu'il faut se se tremper spécialement pour les repousser. Ceux qui agissent autrement sont certainement très-rares, mais malheureusement il en existe et il ne faudrait pas les prendre pour exemple.

Que reste-t-il en définitive d'une orgie plus ou moins « carabinée » ? pour me servir d'une expression vulgaire.

Rien, qu'un dégoût profond, une lassitude, une fatigue de l'esprit qui rendent peu propre aux occupations, si délicates souvent, auxquelles le voyageur doit se livrer tout entier. L'intelligence s'atrophie petit à petit et sans que l'on s'en aperçoive brusquement, mais un beau jour on est tout étonné de ne plus posséder tous ses moyens pour travailler et on ne doit cela qu'à l'abus du plaisir, si nous pouvons appeler toutefois plaisir l'acte qui consiste à se remplir l'abdomen de vins ou liqueurs plus ou moins fortes, absolument comme on emplit un tonneau.

Sans compter qu'une réputation, rien moins qu'irréprochable, vous est faite tout doucement ; l'on s'éloigne de vous, les clients recueilleront les bruits peu bienveillants qui circuleront sur votre compte, et en définitive quelle confiance pourront avoir en vous les personnes avec lesquelles vous êtes appelé à faire du commerce !

Alors, lorsque le mal s'est enraciné et est arrivé à cette période, c'est un effondrement dans lequel on sombre presque toujours car au moment où l'on s'aperçoit du danger il est trop ou presque toujours trop tard.

Et malheureusement, cette funeste passion de l'ivrognerie en entraîne bien d'autres à sa suite ; l'énumération en serait trop longue ; aussi, ne parlerons-nous que de celle du jeu.

Le jeu, occupation, délassement si innocent lorsqu'il est pris avec modération comme il convient à des personnes honnêtes qui veulent se distraire, oublier un instant les tracas du jour, et qui devient si dangereux lorsqu'on s'y livre sous l'impression d'un cerveau surchauffé par de copieuses libations. Alors on perd toute mesure et c'est quelquefois avec frénésie que l'on s'y livre. Oubliant toute prudence et toute mesure on risque sur quelques cartes l'argent amassé pour ses propres besoins et aussi quelquefois pour les besoins de la famille que l'on a laissée loin là-bas et qui compte sur vous pour avoir le pain de chaque jour.

Ah ! mes jeunes amis, vous ne sauriez trop avoir horreur de ces choses viles et écœurantes et je ne pourrai jamais assez vous engager à les fuir de toutes vos forces.

L'homme fort, travailleur et sérieux, saura s'amuser sans risquer de perdre son intelligence au fond d'une bouteille, et son argent sur un paquet de cartes.

Que d'ennuis évités, que de remords laissés de côté, et je dirai plus que de crimes quelquefois évités.

Les exemples sont, hélas ! beaucoup trop nombreux qui viennent confirmer mes dires.

Amusez-vous donc toujours, honnêtement, sans avoir l'air de bouder au plaisir lorsque vous le rencontrez, mais cela avec mesure, et sans jamais en abuser. L'abus même des meilleures choses en rend l'emploi dangereux et pernicieux.

VOYAGEURS ET PATRONS

Nous pouvons dire et affirmer sans conteste que les voyageurs sont les auxiliaires indispensables des patrons. Que pourraient-ils faire en effet sans représentants, sans courtiers pour écouler tous les multiples produits du travail, des arts et de l'industrie.

Rien, absolument rien.

Il leur faut des commis infatigables, toujours sur la brèche, toujours à l'ouvrage et sans eux le commerce en général recevrait une rude atteinte.

Par eux, les relations sont facilitées, les affaires se font couramment, empreintes toujours de cordialité et de franchise.

Est-ce qu'ils abusent de cette situation, créée par la nécessité ?

Non, loin de là.

S'il se glisse en eux un peu d'ambition, elle est en somme bien légitime, mais cette ambition est justement pour eux la suite d'une noble émulation. Ils savent en somme ce qu'ils valent, mais n'en abusent pas.

Ils savent aussi que si leurs patrons leur ont confié leurs intérêts, ont mis en eux leur confiance, qu'ils doivent s'en rendre dignes. Et ils ne manquent pas à ce devoir, car les voyageurs savent porter plus qu'à hauteur du devoir la mission dont ils sont chargés. Ce n'est pas nous qui les en blâmerons, au contraire ; nous ne pouvons qu'engager les jeunes gens qui vont se lancer dans cette rude carrière, de considérer toujours les intérêts de leur patron du même œil que les leurs.

Quelquefois, et je suis à même de le savoir puisque j'ai été une victime, le voyageur se trouve servir les intérêts d'un patron malhonnête. Il en est de cette catégorie de gens comme de toutes les autres, il y en a aussi là-dedans de malhonnêtes ; nous serons les premiers à faire observer qu'ils sont rares, aussi rares que le sont les voyageurs infidèles.

Si on a de l'expérience, on reconnaît bien

vite à qui on a affaire, mais comme je m'adresse ici à de futurs ou très-jeunes collègues, je ne saurais trop les engager, dès le début, de parfaitement régler toutes leurs conditions avec le patron de façon à n'avoir aucune équivoque.

Les bons comptes font les bons amis ; là comme ailleurs le vieux proverbe est vrai, aussi faut-il le mettre en pratique.

Et lorsque, comme il en est d'ailleurs pour la majeure partie des voyageurs, on se trouve avoir pour patron un homme travailleur, probe et intelligent, nous pensons qu'on ne saurait jamais trop faire pour lui.

Lorsque vous débuterez donc dans la carrière, je vous dirai toujours: mes jeunes amis, travaillez, travaillez sans cesse et sans relâche ; tenez à cœur de prouver que l'on ne s'est pas trompé en vous jugeant apte à concourir à la grande œuvre commerciale ; prouvez que votre patron, en vous distinguant entre les autres et en vous choisissant pour vous donner toute sa confiance, prouvez, dis-je qu'il ne s'est pas fourvoyé et que vous êtes réellement digne de l'aider dans son œuvre.

Ce faisant, vous aurez toujours l'estime de tous les honnêtes gens, ce qui par parenthèse n'est certainement pas à dédaigner; en plus, la satisfaction du devoir accompli, sans compter que vous travaillez aussi pour vous et que plus vous serez avantageusement connu et plus vos appointements s'en ressentiront d'une façon progressive.

Prenons donc en mains les intérêts de nos patrons; j'ai la certitude par les nombreux exemples que je connais qu'ils nous en seront reconnaissants, c'est notre devoir et aussi notre intérêt; ne les négligeons donc pas.

Un mot pour terminer. Certains patrons dans leur correspondance abusent de ce que nous appelons la lettre « à cheval ».

Ces écrits beaucoup trop sévères, la plupart du temps, blessent quelquefois profondément le voyageur consciencieux. Je dirai plus: il est de ces natures timides, quoique fort droites et loyales qui, au reçu de semblable missives, sont complètement désorientées et restent pendant quelques jours abasourdies, incapables de prendre une détermination énergique.

Quels mobiles font agir ces patrons?

Les uns croient stimuler leurs voyageurs; les autres, esprits autoritaires, petits potentats de commerce, bien dignes des anciens seigneurs, se croient obligés de montrer par ce moyen leur morgue et leur insolence.

Pensent-ils ainsi exciter le zèle de leurs voyageurs?

Si oui, qu'ils se détrompent bien vite; c'est juste le contraire qui se produira. Le voyageur n'a pas besoin de ce genre de stimulant pour faire les affaires de son patron.

N'ayons pas peur d'être trop courtois les uns avec les autres. En nous plaçant seulement à ce point de vue, nous nous permettrons de rappeler à ces patrons qu'ils ont le plus grand tort d'envoyer ces lettres « à cheval « qui brillent par l'absence de politesse, et ne donnent aucun bon résultat.

Le voyageur est assez dévoué pour avoir droit à tous les égards de la part de son patron. Nous ne pouvons donc que blâmer les chefs de maison qui laissent aller leur plume au cours de leur colère et qui ne savent pas montrer plus de dignité et de savoir vivre dans leur correspondance.

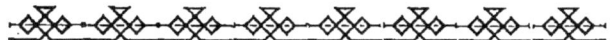

POESIES

LE COMMIS VOYAGEUR

Du voyageur, blanchi dans le négoce,
Ah! oui plaignez, plaignez bien le sort.
Rire, dit-on, blaguer, faire la noce,
C'est son métier, mais c'est mentir à tort.
Vous qui voyez ma peine et mon courage,
Rendez hommage à ma juste douleur. .
Ah! oui, plaignez, oui plaignez sans partage,
Plaignez le sort du commis-voyageur. .

    Voilà la vie, digne d'envie,
    Du voyageur aimable et pétulant
    Qui court les routes et jamais ne doute
    D'avoir partout un succès épatant.

Quand, par hasard, je cours voir la pratique,
Le boutiquier me dit : Je suis pourvu ;
L'un est absent, l'autre a fermé boutique,
Je file à vide et je n'ai rien vendu.
L'intempérie, le verglas, les orages,
A ma douleur ajoutent la frayeur...
Ah ! oui, plaignez, oui plaignez sans partage
Plaignez le sort du commis-voyageur.

    Voilà la vie, etc., etc...

Parfois aussi mon patron en colère,
D'un style bref m'écrit : « Hâtez le pas,
Les temps sont durs, les affaires ne vont guère,
Mon argent file et vous n'avancez pas... »
Vous qui voyez ma peine et mon courage,
Rendez hommage à ma juste douleur...
Ah ! oui, plaignez, oui plaignez sans partage,
Plaignez le sort du commis-voyageur.

    Voilà la vie, etc , etc...

Je vais revoir aussi celle que j'adore,
Près d'elle enfin je vais tout oublier ;
Et, s'il faut me tourmenter encore,
Ce sera du moins pour mon propre foyer.
Des coups du sort l'amour nous dédommage,
De bien des maux il est le consolateur...
Ah ! oui, plaignez, oui plaignez sans partage,
Plaignez le sort du commis-voyageur.

    Voilà la vie, etc., etc...

Adieu marchands toujours grondeurs et tristes,
Maîtres exigents qui m'avez tant joué,
Adieu aussi égoïstes aubergistes,
Et vous cafetiers qui m'avez tout volé.
J'ai tout perdu, au diable le négoce
Qui m'a ravi la joie et le bonheur...
Ah ! oui, plaignez, oui plaignez sans partage,
Plaignez le sort du commis voyageur.

  Voilà la vie, la vie finie
  Du voyageur aimable et pétulant
  Qui court les routes et jamais ne doute
  D'avoir partout un succès épatant.

(Entendu en voyage).

UNE HISTOIRE D'AMOUR
(POESIE RÉALISTE)

C'est chaud, c'est bon, c'est croustillant,
Ça fait plaisir par où ça passe ;
On se *liche* les doigts tant c'est friand,
Puis on va boire à la Wallace.
Y en a qui dépensent des prix fous
Pour des choses qu'ont pas tant de mérite.
Moi, pour dîner, je me fends de deux sous.
C'est rien bon ! des pommes de terre frites.

Ici chaque plaisir à son tour :
Quand j'ai mangé je fais la lecture ;
Y a parfois des histoires d'amour
Qu'on croit que c'est vrai tant c'est nature.
Mais dans la vie où je suis né,
Y a bien des choses qu'est pas écrites,
Moi j'en connais que c'est arrivé...
Pour un cornet de pommes de terre frites.

Un soir qu'il faisait un froid de chien,
Sur le canal y avait une pauvre fille,
Elle grelottait et ne disait rien
Et dans la neige jusqu'à la cheville.
Dis donc, t'as pas l'air de rigoler ?
Il ne fait pas chaud où que tu t'abrites ?
Si le cœur t'en dit je vais te régaler
D'un cornet de pommes de terre frites.

Tout en mangeant d'un air peiné,
Elle me payait d'un bon sourire ;
Puis, quand le festin fut terminé
Je lui proposai de la reconduire.
Les pauvres gens c'est pas moqueur,
En amour c'est pas hypocrite ;
Pour moi j'y avais donné mon cœur
Dans un cornet de pommes de terre frites.

Je fus heureux pendant deux jours ;
Détail connu, si j'avais un rêve
Ça ne pouvait pas durer toujours.
Rien que d'en parler v'la le cœur qui me crève !
Pensez qu'elle n'avait que dix-sept ans,
Des yeux en or, des mains si petites...
Elle ne pouvait pas m'aimer longtemps
Pour un cornet de pommes de terre frites.

Maintenant elle est chic à ce que je crois :
Elle a des chevaux, une voiture ;
Sur le boulevard je la vois parfois,
Sa tête... on dirait de la peinture.
Le soir elle soupe avec un vieux
Chez Brébant où il y a tant de marmites,
Peut-être bien qu'au fond elle aimerait mieux
Revenir à mon cornet de pommes de terre frites.

Oh ! y a des jours où j'y pense tant
Que pour un rien je monterais chez elle,
Seulement c'est trop compromettant,

Pour un pauvre fréquenter une belle.
Puis, comme je n'ai rien à me mettre sur le dos,
Je me dis vaut bien mieux que tu l'évites.
Ben, v'la pourquoi j'ai le cœur gros
Chaque fois que je mange des pommes de terre frites.

(Entendu à St-Quentin.)

AIDONS-NOUS

Il est un grand principe, maintenant admis dans notre société actuelle et qui a produit les meilleurs résultats : c'est celui de l'Association.

Notre pays est entré un des derniers dans cette voie ; mais, depuis quelques années, les associations de tous genres se sont développées et étendent partout leurs puissantes ramifications.

Nous ne parlerons ici que des sociétés de secours mutuels dont le voyageur, au moins autant que tout autre, a le plus grand besoin.

Que pourrait-il faire seul, isolé, lorsque la maladie l'atteint et lui coupe radicalement les vivres. Ah ! c'est alors, quand le malheur vous met dans cette triste situation, qu'il faut s'applaudir d'avoir été prévoyant et que l'on admire les puissants effets obtenus avec une petite épargne.

Les voyageurs de commerce ne sont donc pas restés en retard dans cette voie et nous pouvons dire sans vanité qu'ils possèdent ou du moins se sont créés une des plus belles sociétés, une des plus puissantes en ce genre et je ne vois au-dessus d'elle que la toute puissante et sublime institution de la Franc-Maçonnerie.

Aidons-nous, tel est donc le grand principe dont on est parti et, comme nous le disions, ce sont des merveilles que l'on a obtenues en l'appliquant.

Pour donner une idée des avantages d'une semblable association et aussi des charges relativement légères que l'on a à supporter, nous empruntons les détails suivants recueillis dans le n° du *Petit Journal* du 28 septembre 1887, détails d'ailleurs parfaitement exacts.

« Rude vie que celle des voyageurs de commerce !

« La majorité exerce cette profession depuis vingt et trente ans. Et peu d'entre eux deviennent patrons eux-mêmes.

« Il faut être de fer pour changer de lit quotidiennement, vivre sans cesse de la vie d'auberge et d'hôtel garni.

« Et puis, la maladie est terrible quand elle vous saisit loin de chez vous, au milieu d'étrangers, sans parents ni amis pour vous dire quelques paroles de consolation.

« Cependant le voyageur de commerce n'est

plus aussi isolé aujourd'hui. Il n'est plus comme un étranger dans son propre pays.

« Il a réalisé un grand progrès sous ce rapport, en formant une association forte et solide, capable d'atténuer les inconvénients de sa vie errante.

« Moyennant une faible cotisation de 30 fr. par an il trouve partout des correspondants de la société, des médecins attitrés qui lui doivent leurs soins et leur temps.

« Qu'il tombe malade dans un endroit quelconque, en France ou à l'étranger, il n'a qu'à ouvrir son annuaire et il y trouve tous les renseignements qu'il lui faut ; les noms des médecins de l'Association, les hôtels affiliés lui offrant des soins spéciaux et dont les propriétaires sont membres honoraires de la société.

. . . .

« L'association des voyageurs de commerce ne cesse de rechercher tous les moyens de s'améliorer, de devenir de plus en plus utile à ses membres.

« Tombent-ils malades? une indemnité de 5 f. par jour leur est attribuée pendant trois mois au moins et peut être prolongée suivant le cas.

« Lorsque l'un d'eux meurt sans ressources, les funérailles sont faites aux frais de l'association et une indemnité de 1000 fr. peut être accordée à la veuve et aux orphelins.

« Si le voyageur de commerce est membre de l'association depuis un nombre déterminé d'années, il a droit à une pension qui varie entre 100 et 315 francs.

« Mais ces avantages matériels ne sont pas les seuls dont il jouit.

« Jadis, un voyageur achetait un roman à son départ, et, à la première ville, il échangeait le volume avec un camarade, qui lui en remettait un autre, et poursuivant ce système pendant tout son voyage, il arrivait ainsi à lire, durant trois ou quatre mois, une centaine de volumes, n'ayant dépensé que 3 fr. environ.

« C'était fort ingénieux.

« Mais l'association a trouvé une combinaison encore plus avantageuse par la création de petites bibliothèques qui sont placées dans les principales villes de France.

« Tous les livres sont reliés avec une couverture uniforme et les voyageurs, membres de l'association, peuvent en emporter un, à la condition par eux de le restituer à la bibliothèque la plus prochaine.

« A Paris, au siège de l'association, existe également une grande bibliothèque où les membres trouvent tous les ouvrages qu'ils peuvent avoir à consulter, les publications périodiques susceptibles de les éclairer sur le mouvement du commerce en France et à l'étranger.

« Une grande salle de lecture bien éclairée leur est réservée avec tout ce qu'il faut pour écrire et expédier leur correspondance.

« Un registre est tenu au siège de l'association pour indiquer, d'une part les négociants qui demandent des voyageurs et de l'autre les voyageurs sans place.

« Le bureau de la société intervient comme arbitre entre les patrons et les voyageurs, lorsque des différends s'élèvent et à sa juridiction amiable et gratuite est acceptée de tous.

« Il y a là un grand et sérieux progrès ; la fantaisie et le caprice perdent de leur imprévu; mais la dignité humaine y gagne et tout une catégorie d'hommes a conquis les avantages que donnent le groupement et l'association. »

En présence de semblables résultats acquis, nous ne pouvons donc mieux faire que d'engager nos collègues à profiter des immenses avantages que leur offrent les sociétés fondées en vue d'atteindre les différents buts décrits ci-dessus, sociétés d'une utilité incontestée et incontestable.

Deux sociétés de ce genre existent à Paris.

L'une, Boulevard de Sébastopol, est organisée sous le nom de « Voyageurs et commis ». L'autre, Boulevard de Strasbourg, est sous le titre de « Voyageurs de commerce ».

A mon point de vue, il est profondément regrettable que notre belle et puissante corporation soit ainsi scindée en deux parties dans cette œuvre humanitaire.

Nous faisons les vœux les plus ardents pour que la fusion des deux sociétés s'opère, elles ne pourraient qu'y gagner une grande prospérité.

CONSEILS AUX DÉBUTANTS

Un bon début assure presque toujours le succès.

Généralement le voyageur est choisi parmi les employés d'intérieur. Le patron que guide toujours la question si essentielle pour lui de ses intérêts, prend pour son indispensable auxiliaire celui qu'il juge le plus travailleur, le plus intelligent, le plus dévoué de ses collaborateurs. Et nous ne saurions certainement pas l'en blâmer.

Voilà donc un jeune homme lancé dans le grand tourbillon commercial. Saura-t-il résister à toutes les tentations que sa nouvelle vie va lui faire connaître et naître à chacun de ses pas.

C'est là la question qui n'est pas toujours résolue affirmativement et cela tient à ce que le débutant n'a pas l'âme assez solidement trempée pour vaincre dans le dur combat de la vie.

Les obstacles de tous les genres se dressent devant lui ; il faut alors faire appel à tout son courage, prendre résolument, comme on dit, le taureau par les cornes, et aller de l'avant.

Travailler, travailler sans cesse, voilà le moyen assurément le meilleur pour éviter les insuccès.

La semaine compte sept jours, travaillez sept jours ; ne craignez point d'employer le dimanche, tous les jours sont également bons pour brasser les affaires et votre patron ne vous grondera pas pour cela.

Inspirez-vous de cette idée que votre patron fait pour vous lancer dans cette nouvelle voie de très-grands sacrifices. Votre inexpérience lui coûtera assurément très cher ; c'est donc à vous de compenser cette inexpérience par une ardeur sans bornes au travail ; vous devez faire des affaires, voilà le résultat auquel il faut arriver, c'est ce que l'on vous demande et ce que vous devez produire. Courage donc et mettez-vous sérieusement au travail. Et non seulement ce sera pour vous le moyen de réussir mais ce sera aussi un puissant dérivatif qui vous préservera de bien des folies.

Combien, hélas ! qui, aveuglés, éblouis par cette lumière soudaine de liberté que leur donne leur nouvel emploi de voyageur, sombrent bien vite pour ne pas avoir su éviter les écueils qui se dressaient menaçants à leurs débuts.

Oubliant le patron, négligeant les affaires, ne pensant qu'au plaisir, la chute arrive bien vite et ils retombent alors si bas qu'il leur est difficile de s'élever ensuite.

Le travail, toujours le travail, voilà le préservatif et je ne saurais trop le répéter.

Expédiez votre courrier très exactement tous les deux jours, cette excellente habitude vous fera rappeler, si par hasard des plaisirs trop tentants vous le faisaient oublier, que vous n'êtes pas dans cette vie uniquement pour jouir, mais bien pour vous occuper des intérêts du patron qui vous paye, qui vous guide dans vos débuts, et auquel enfin vous devez la reconnaissance de vous avoir lancé.

Renseignez-vous toujours exactement ou du moins le mieux qu'il vous est possible sur la solvabilité de vos clients. Etant sur les lieux, cela vous est facile. Mettez toute votre intelligence à rechercher les affaires sûres ; aujourd'hui elles deviennent difficiles, car la concurrence est très grande ; beaucoup de petits commerçants n'ont pas la même valeur qu'autrefois. Ne négligez donc rien de ce qui peut vous procurer de bonnes et sérieuses affaires si vous voulez satisfaire votre patron, car vous pensez bien que si vous lui amenez des affaires véreuses, il sera loin de vous en féliciter.

Nous admettons donc, ce qui est le cas général, qu'en travaillant vous réussissez à vous créer une excellente situation dans votre maison. Si vous entendez réellement vos intérêts, cela bien entendu lorsque vous appartenez à une maison sérieuse, je vous dirai : « Ne changez pas, restez avec le patron qui vous connaît, qui sait ce que vous valez et qui mieux que tout autre saura vous récompenser du moment que vous le satisferez. »

Pour vous les affaires seront bien plus faciles, vous connaîtrez parfaitement votre clientèle, ce qui est une des grandes chances de succès ; pour votre patron ce sera un chiffre plus considérable de bénéfices dont il vous tiendra compte. En somme les deux parties y trouvent des avantages ; pourquoi donc changer quand on est bien. Rappelons-nous que « pierre qui roule n'amasse pas mousse » et c'est on ne peut plus vrai dans le cas qui nous occupe. Je ne dis pas qu'il n'est pas certaines exceptions, non, toute règle en comporte nécessairement ; mais en général patron et voyageur qui se connaissent bien ont certainement tout intérêt à se plaire mutuellement.

Passons de part et d'autre sur quelques petits griefs qui pourraient se produire.

Jeunes voyageurs, quelques mots pour nous résumer et qui en diront plus long que tout un volume.

Travail et bonne conduite, voilà tout le secret pour réussir dans la carrière que vous avez embrassée.

NE PAS PARLER POLITIQUE

La parole est d'argent mais le silence est d'or; trop gratter cuit et trop parler nuit; nous en trouverions des douzaines sur ce chapitre, et cette multiplication de proverbes sur un même sujet nous indique tout naturellement son importance. La langue, la meilleure et la pire des choses, comme le disait le sage Esope, est en effet bonne ou mauvaise selon l'usage qu'on en fait.

Il n'est pas toujours facile d'en faire bon usage, il est si agréable d'envoyer sa petite pointe de médisance à l'adresse de nos ennemis et dans combien d'autres cas ne la retenons-nous aussi. Règle générale, détestons les bavards car, inconsciemment même, ils arriveront à causer de désagréables choses.

Mais s'il est un sujet sur lequel les voyageurs de commerce doivent être prudents, c'est sur celui de la politique. Cette maudite question a déjà tellement fait battre d'honnêtes gens, brouillé d'amis, enrichi de coquins, qu'il faut être très-circonspect lorsqu'on en fait usage. Nous respectons toutes les opinions, car en général les gens qui les professent ont tous une foule de bonnes raisons pour les admettre; pourquoi donc ne respecterions-nous pas leur manière de voir. Une fois la discussion engagée et lancée sur ce sujet, on ne sait plus où elle s'arrêtera, si elle finira par un rire général ou par une querelle. Les deux alternatives peuvent se produire surtout si vous vous rencontrez avec des personnages grincheux ou de mauvais caractère.

Evitez donc toute discussion sur ce sujet à moins que vous ne connaissiez parfaitement les personnes que vous avez pour adversaires; restez toujours sur le terrain bienveillant et courtois qui convient aux gens de bonne éducation et ayant du savoir-vivre. Mais je conseillerai encore de garder complètement pour soi ses opinions politiques; ou, pour mieux dire, je juge inutile que l'on éprouve le besoin de vouloir faire sans cesse sa profession de foi. L'on s'en trouvera bien auprès de ses camarades et peut-être encore mieux auprès de ses clients; c'est là un point digne d'attention et qui mérite qu'on y pense.

BON CARACTÈRE

Inconvénients du contraire. — Ne soyez pas arrogants

Arrogance et mauvais caractère se tiennent de très près, deux défauts également mauvais et que jeune ou vieux voyageur doivent proscrire à tout prix. On rencontre surtout ce premier chez l'homme parti de rien et élevé tout-à-coup à la.... je dirai dignité de voyageur de commerce. Sa bonne fortune l'a comme aveuglé et il ne se rappelle point d'où il est parti ; car quelquefois il était placé assez bas dans l'échelle sociale, non comme honorabilité, mais comme situation et cette brusque élevation lui fait perdre la tête.

Cela donne une bien triste idée de la pauvre tête où germent de semblables idées. On est tout disposé, et avec raison, à considérer ce type d'individus comme représentant l'ignorance et le manque total d'éducation et d'instruction. L'homme qui a reçu une bonne instruction, une bonne éducation ne sera jamais arrogant, croyez-le-bien ; on peut donc à coup sûr pronostiquer l'ignorance pour ces matamores, ces bouffis d'orgueil qui ne voient pas, qui ne s'aperçoivent pas combien on les méprise. Ceux qui se laissent prendre à leur beau plumage et à leur ramage ampoulé sont bien rares et ils ne sont pas longtemps pour reconnaître leur erreur et la réparer par l'abandon complet de leurs relations avec ces arrogants.

Plaignons-les et ne les imitons donc pas.

La bonne harmonie ne devrait cesser de régner entre voyageurs, et c'est certainement ce qui existe presque toujours. Mais on rencontre encore quelquefois des grincheux, de ces gens à caractère pointu qui ont toujours quelque trait plus ou moins agréable à décocher à leurs confrères.

Nous nous permettrons de dire à nos jeunes collègues qu'il faut éviter avec soin d'avoir cette esprit méchant, railleur et ironique, en un mot le mauvais caractère.

On se trouve vite isolé en agissant ainsi, les camarades remarquent bientôt le défaut capital et, dame ! comme il ne leur plaît nullement d'avoir à souffrir de vos boutades et de ne pas vouloir pour vous-même supporter d'innocentes plaisanteries, ils vous laissent carrement de côté et franchement je ne puis que les approuver.

Il est pourtant si facile d'avoir bon caractère ; l'union règne alors, on rit de bon cœur et l'on ne voit pas ces querelles que causent presque toujours les caractères mauvais.

Soyons polis, doux, complaisants envers nos collègues, que nos relations portent toujours l'empreinte de la cordialité et tous nous nous en trouverons bien, très bien même.

De si bonnes relations entraînent forcément l'estime et l'amitié des camarades ; cela n'est pas à dédaigner.

Bannissons-donc toute velléité de mauvais caractère ; pourchassons à outrance ce défaut si nous en sommes affligés, nous ne pourrons qu'y gagner.

CONSIDÉRATIONS GÉNÉRALES

Les voyages, comme nous l'avons déjà dit, comprennent de rudes étapes et sont ainsi une excellente école pour former et tremper les hommes qui ont embrassé la carrière de voyageur. L'esprit sans cesse tendu, aux aguets des bonnes et sérieuses affaires, acquiert une lucidité qui est d'un précieux concours dans bien des circonstances. On apprend à juger à leur juste valeur hommes et choses ; les difficultés sont tournées ou résolues plus facilement et bien souvent de sérieux ennuis évités.

Tout cela est le résultat forcé du travail et la patiente observation.

Un mot peut seul rendre exactement la de chose : c'est l'expérience.

A quel prix ne l'a-t-on pas acquise quelquefois ?

Mais les leçons salutaires reçues dans les débuts servent pour plus tard ; on ne devient accompli qu'au bout de longues années, lorsque, encore, on le devient, ce qui n'existe pas toujours.

Il faut autant que possible se pénétrer de ce principe : avec le travail on peut arriver à tout. Le voyageur doit donc être essentiellement travailleur, car il doit avoir en vue les intérêts de son patron, intérêts sacrés qu'il doit sans cesse défendre. Quelques-uns se figurent, pourvu que le temps se passe et que les appointements marchent, qu'ils ont ainsi fait leur devoir. Etrange et déplorable erreur. Non seulement on est coupable à bien des points de vue, mais le voyageur qui n'aime pas le travail traîne péniblement une misérable vie qui lui semble longue et interminable, vie se passant à l'hôtel et principalement au café et vide de toute préoccupation, émotion et ambition, toutes choses saines cependant qui font la vie active de l'homme sérieux.

Le voyageur a donc une multitude de devoirs qu'il ne saurait négliger sans se rendre responsable, au moins moralement, des suites que ces négligences peuvent avoir envers son patron.

Les clients ont aussi bien des droits aux services des voyageurs; nous devons veiller scrupuleusement à ce que leurs ordres soient ponctuellement et fidèlement exécutés ; la plus grande loyauté doit régner dans nos rapports avec eux et nous ne saurions trop y apporter de politesse, de bonne volonté et de franchise. Tout cela bien entendu en restant dans les limites fixées par nos patrons, c'est ce qu'il faut considérer sans cesse pour ce qui concerne les offres commerciales.

Le temps employé ainsi passe vite, on a la satisfsction du devoir accompli, pas de reproches à craindre, la conscience est légère et c'est alors le cas de dire " arrive que pourra j'ai fait ce que je devais " et il est bien rare que le succès ne couronne pas les efforts.

Mais pour agir ainsi tout n'est alors pas rose dans la vie du voyageur; le plaisir est relégué bien loin et seulement dans de rares occasions; le repos presque inconnu et seulement pour réparer les forces épuisées.

Le voyageur qui agira ainsi, se trouvera même en butte aux ironies de quelques paresseux, ironies qui touchent peu, qui glissent bien facilement et dont on ne se préoccupe pas du tout.

Le but que l'on se propose est trop noble pour s'arrêter à de mesquines plaisanteries, et bien souvent le vieux proverbe trouve son application : " Rira bien qui rira le dernier " et c'est toujours, je l'affirme, le travailleur qui a toutes les chances pour rire le dernier, si ses sentiments trop élevés ne lui défendaient de railler un de ses confrères moins heureux que lui, bien que le malheur qui lui arrive ait été amené par la paresse.

Un exemple :

Un de nos jeunes amis, un peu léger et irréfléchi, avait un dégoût profond pour son métier qu'il n'exerçait que bien à contre cœur, pour nous servir d'une expression populaire ; aussi les affaires n'étaient-elles pas toujours très brillantes car il lui manquait ce que nous appelons le feu sacré.

Le café avait en lui un hôte des plus assidus et il lui faisait de bien plus fréquentes visites qu'à ses clients. On est généralement très-bien au café, mais l'abus de toute chose amène forcémemt le dégoût, et si deux ou trois parties de piquet vous semblent un plaisir favori et propre à délasser l'esprit fatigué, les interminables et longues parties que notre ami s'offrait continuellement commençaient terriblement à l'ennuyer.

L'ennui naquit un jour de l'uniformité.

Cette maxime est vraie surtout pour le plaisir.

Donc, notre ami s'ennuyant à mourir, las de traîner de café en café, se fit un jour cette réflexion peut-être un peu tardive et par laquelle il eût dû commencer déjà depuis longtemps.

" Je ne suis pas, que je sache, voyageur uniquement pour mon plaisir, laissons donc carrément cette vie de flegme perpétuelle et travaillons, les affaires de mon patron et les miennes n'en iront certainement que mieux et enfin je réussirai peut-être à trouver dans le travail l'attrait que je cherche vainement dans le plaisir. "

Une fois cette bonne résolution prise, il résolut de tenter sérieusement l'essai.

Et il en fut satisfait.

Au bout de quelque temps il fit de brillantes affaires et comme il n'y était guère habitué, les chiffres qu'il se mit alors à manier le fascinèrent; l'amour du travail, une noble émulation, s'emparèrent de lui, et il ne se plut bientôt plus qu'à brasser des affaires.

Et comme nous, ses camarades, nous nous étonnions de ce changement si brusque, il nous dit :

" Autrefois, lorsque je remplissais si mal mes devoirs envers mon patron et envers mes clients, j'étais comme écrasé par un remords perpétuel qui me troublait sans cesse et me faisait encore enfoncer plus profondément dans l'ornière du plaisir pour tâcher d'oublier.

L'ennui qui me poursuivait partout et sans relâche provenait de mon désœuvrement.

« Mais aujourd'hui que je me suis donné tout entier au travail pour essayer de réagir contre cette abus de paresse et d'oisiveté, je suis heureux. Il n'est rien comme le devoir accompli pour vous mettre la conscience à l'aise. L'amour du travail domine seul chez moi ; j'en ai recueilli d'abord les premiers fruits par le contentement de moi-même, et maintenant c'est devenu pour moi une passion qui me fait complètement oublier les dissipations sans nombre que je cherchais autrefois et qui ne m'ont jamais laissé que dégoût ot désillusion.

« Oui j'aime le travail et en retour le travail me rend heureux.

« Notre ami avait raison. Nous avons appris depuis que son patron, satisfait de lui au delà de toute espérance, lui avait doublé ses appointements et l'avait intéressé à ses affaires qu'il savait maintenant si bien faire prospérer après les avoir tant négligées ».

Entre le travail et l'oisiveté la comparaison n'est donc pas en faveur de cette dernière.

Coupons un peu nos entretiens sérieux et racontons une petite anecdote dont l'un des héros est un voyageur, farceur comme pas un.

Gaspard, notre collègue, se trouvait de passage dans une de nos préfectures du Nord où d'importantes affaires l'appelaient chaque année.

Pour charmer un moment de loisir, notre ami se promenait dans le beau parc de la ville, promenades splendides avec cours d'eau, aussi l'endroit était-il bien choisi pour fumer un de ces bons cigares qu'il grillait avec tant de plaisir.

Gaspard est un farceur infatigable et il ne perd jamais l'occasion d'une mystification si elle se présente.

Le hasard lui en procura une fameuse ce jour là, aussi se garda-t-il de la manquer.

Au cours de sa promenade, il aperçut tout-à-coup, dissimulé derrière un arbre, un brave campagnard qu'un besoin pressant et absolument naturel avait forcé à glisser un peu bas sa culotte pour le satisfaire.

Arriver brusquement près de l'homme, lui frapper sur l'épaule et le terrifier par ces paroles : « Je suis le commissaire et je vous dresse procès-verbal » fut pour notre farceur l'affaire d'un instant.

Et ce fut alors un flot débordant de morale, oser faire de telles choses dans un lieu public, la morale offensée, etc., etc...

Notre pauvre campagnard terrifié, ne parvenait pas à se reculotter et ce ne fut qu'au prix de longs efforts qu'il y réussit tout en gémissant et faisant des excuses. Il jurait ses grands dieux qu'on ne l'y reprendrait plus, mais le besoin était si pressant qu'il n'avait pu aller plus loin. Puis un semblable procès provoquerait un scandale qui le déshonorerait presque, sans compter tous les ennuis, les frais que tout cela lui coûterait.

Gaspard, la main droite dans sa redingote,

l'air sévère, ne se laissait pas fléchir. Il fallait être inflexible en face de telles insanités et le procès aurait lieu bel et bien.

Le désespoir de notre brave homme ne connaissait plus de bornes, il pria, supplia, fit tant et si bien qu'il fut convenu que l'on transigerait.

« Tenez, dit Gaspard, que cette affaire soit terminée et n'en parlons plus. Je serai bon et vous épargnerai, mais le corps du délit ne peut rester ici; ramassez-le, mettez-le dans votre poche et emportez-le loin d'ici. A cette condition seule, je vous fais grâce. »

Notre homme passa brusquement des pleurs à la joie la plus exubérante. Quel bon et brave homme que ce commissaire. Comment? moyennant ce petit enlèvement de l'objet en question, il oubliait tout. Mais la chose était si simple qu'il ne se le fit pas dire deux fois et vite un morceau de journal, après quoi le paquet disparut dans la poche droite de son paletot.

Et on ne s'en tiendrait pas là. L'heure du

déjeûner approchait, le brave homme content d'en être quitte à si bon marché, voulut inviter Gaspard, insista et l'emmena à l'hôtel des Trois Rois, hôtel nullement fréquenté par les voyageurs.

Mais Gaspard avait des raisons pour accepter. Pendant le repas, il souriait quelquefois et préparait une suite à sa première équipée.

Le repas terminé, il ne souffrit naturellement pas que son compagnon payât pour lui. Celui-ci, pressé de s'en aller, remercia de nouveau le prétendu commissaire pour sa bonté et il partit pour se débarrasser en dehors de la ville de l'objet peu odoriférant qu'il avait dans sa poche.

D'un tour de main, Gaspard subtilisa la cuillère en argent qui était à la place du campagnard et appelant le maître d'hôtel, il lui dit :

«Vous venez de voir sortir l'individu qui était ici ? et il désignait la place du pauvre diable qu'il avait mystifié, eh ! bien, c'est un voleur !

Il vous a dérobé une cuiller en argent et l'a

mise dans la poche droite de son veston. Courez, il ne peut être loin et vous le rattrapperez. »

Aussitôt, garçons et patron volent après le paysan. Gaspard profitant du moment de confusion, remet la cuiller, et s'esquive mais suit de loin les péripéties du drame.

Le patron plus agile que ses garçons arrive bon premier, saute au collet de l'individu et le traitant de voleur le somme de lui rendre sa cuiller.

Vous jugez de l'épatement et de l'effarement du pauvre diable.

— Mais, Monsieur, je ne vous ai rien volé, vous faites erreur ?

— Ah! je fais erreur, laissez-moi donc alors fouiller dans cette poche.

Et il désignait la poche contenant l'objet parfumé.

— Non, non, Monsieur, je ne veux pas ?

Et il se défendait, ne voulant pas que l'on s'aperçut de la m... archandise qu'il avait dans la poche. Mais le maître-d'hôtel, que l'attitude de l'individu confirmait absolument dans son soupçon, voulait absolument le fouiller.

Les garçons arrivant à la rescousse, lui tinrent les bras, l'immobilisèrent.

Alors, le maître-d'hôtel triomphant, poussa un cri de joie, plongea tout-à-coup et brusquement sa main dans la fatale poche.

Mais le papier crevé dans la lutte avait laissé la m... archandise à nu; il empoigna un objet mou qu'il pétrit invololontairement, retira sa main vivement et la vit toute en... sanglantée.

Vous dire s'il se trouva bête! il comprit qu'il avait été joué, aussi né s'est-il jamais vanté de son aventure. Aussitôt la fin du drame, qu'il avait vu se dérouler de loin, ce coquin de Gaspard jugea prudent de disparaître. Et je crois qu'il fit bien.

———

Reprenons la suite de notre entretien.

Nous avons, je crois, démontré victorieusement que le voyageur de commerce, aussi bien que tout homme qui veut réussir, doit aimer le travail; c'est la première condition de succès.

Mais bien d'autres conditions sont aussi demandées et exigées. Autant que possible nous les avons énumérées, développées et étudiées. De nombreuses qualités sont requises et entre autres un maintien, une conduite irréprochables.

Il est bien certains écueils sur lesquels viennent s'échouer quelques-uns, mais ils sont rares ; l'honnêteté est proverbiale dans notre corporation et c'est un des plus beaux fleurons de sa couronne.

Ce que je recommanderai surtout d'éviter, et je m'adresse toujours aux jeunes collègues, c'est cette mise vraiment par trop excentrique qui semble faire le bonheur de certains voyageurs. Je dois faire remarquer que ces types ne sont plus que d'infimes exceptions et que le bon goût de tous les voyageurs en général leur fait repousser ces étoffes bizarres, ces coupes extravagantes, les bijoux trop apparents et très nombreux. C'était le défaut dominant, autrefois, de notre corporation ; beaucoup tenaient à se montrer parés comme des châsses, dorés sur toutes les coutures, ruisselants de bagues, chaînes ou autres bijoux. C'était ridicule, et le ridicule, en France, tue sûrement son homme. Prenons-y donc garde.

Ces petits conseils, mes chers lecteurs, s'adressent à vous tous qui que vous soyez : voyageurs en titre ou à la commission ; voyageurs en voiture ou en chemins de fer ; il est de ces généralités qui trouvent leur application partout.

Je vous dirai toujours : « Ne soyez pas de ceux qui ne sont jamais satisfaits, jamais contents de leur sort ; il faut savoir s'en contenter. » Je ne prétends pas par là qu'il faille exclure toute ambition, non, au contraire.

L'ambition est le noble mobile qui nous fait travailler, pour arriver plus haut. Mais au lieu de gémir, comme beaucoup, sur tous les inconvénients, les fatigues, les ennuis de notre profession, cherchons à atténuer toutes ces choses, armons-nous de courage, et le travail et la bonne volonté aidant, nous arriverons à nous créer cette situation que nous rêvons tous et à laquelle tout homme aspire : c'est à-dire indépendance à peu près complète, enfin en un mot à réaliser nos rêves d'avenir.

Malgré le travail le plus persévérant, malgré un courage à toute épreuve, il en est parmi nous, comme partout d'ailleurs, qui ne réussissent point.

On croirait vraiment qu'un génie malfaisant s'attache à leurs pas, ils ne peuvent mener à bien aucune opération, ce ne sont que malchances sur malchances. Tout semble conspirer contre ces malheureux avec un acharnement cruel ; et, bien que nous ne soyons nullement superstitieux, nous ne pouvons nous empêcher de constater le fait.

Que peut-on faire contre une semblable déveine ?

Rien autre chose que d'essayer de la combattre par une plus grande dose d'énergie, de courage, et un surcroît de travail.

Je souhaite à mes lecteurs de ne pas être dans ce mauvais cas, et fais les vœux les plus sincères pour qu'ils soient heureux toujours.

Il s'en rencontre aussi de ceux-là qui voient le destin sourire constamment à tous leurs projets. Ils tournent ou surmontent les difficultés avec un réel bonheur, les affaires prospèrent, les amours sont heureuses. Que faut-il de plus pour être satisfait de son sort?

Mais ils sont rares aussi ceux qui peuvent lier si intimement à eux toutes les bonnes chances.

Le combat de la vie est aujourd'hui si terrible à soutenir qu'il arrive malheureusement bien des mécomptes pour compenser les quelques satisfactions que l'on se procure à force de travail.

CONCLUSION
A NOTRE PREMIÈRE PARTIE

Nous désirons que nos bienveillants lecteurs fassent leur profit et se trouvent bien des conseils que nous nous sommes permis de leur donner.

J'espère que mon but sera atteint et que chacun pourra trouver quelque chose d'utile dans ce recueil.

Plus nous irons, mes jeunes amis, et plus les difficultés pour les voyageurs deviendront grandes. La concurrence acharnée qui se fait aujourd'hui sur toutes nos places et marchés ne fera que croître.

A nous donc de tenir haut et ferme le drapeau de notre commerce que nous nous efforçons d'agrandir dans la mesure de nos forces.

Pour cela il nous faut aimer le travail avec passion, avoir pour principes : honneur et courage.

Ayons toujours en vue l'intérêt de nos patrons qui sont aussi les nôtres.

Et si la chance nous sourit quelque peu, nous jouirons en paix, au déclin de notre carrière, du repos que nous aurons si bien mérité par notre travail.

DEUXIÈME PARTIE

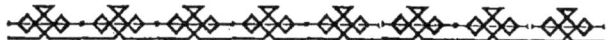

« Audaces fortuna juvat »

Le vieux Juif-Errant d'antique et vénérable mémoire n'a point disparu de notre société moderne.

Bien au contraire.

Seul autrefois, il est aujourd'hui légion ; légion importante englobant l'Univers, parcourant ce vaste domaine sans trêve ni repos, légion de civilisateurs semant partout les produits de l'industrie, de la science et des arts, sublimes germes qui produisent le progrès, étouffent et tuent l'ignorance et la misère.

Nulle contrée, nul pays n'échappent à leur activité dévorante ; nul endroit, pas un seul petit coin qu'ils n'aient visité : marche ! toujours marche ! c'est leur mot d'ordre, la tentation de s'arrêter n'est même point permise ;

marche ! toujours marche ! car d'autres te suivent, et plus loin on t'appelle ; marche ! toujours marche ! va porter partout tes produits fécondants, le repos n'est pas encore mûr pour toi, coordonne, unis tes efforts à ceux de tes frères, le succès est au bout. Pas de défaillance, contribue de toutes tes forces à développer le travail national, à faire connaître le beau et le bien, à répandre partout la lumière; alors tu pourras prendre ta part de cet hymne qui s'élève partout en ton honneur : Salut à toi, légion ! Gloire aux hommes utiles ! Salut et gloire aux voyageurs de commerce.

Vous m'avez compris chers lecteurs et amis, et si mon assimilation des voyageurs au vieux Juif-Errant est quelque peu exacte sous certaines formes, je désire et souhaite ardemment qu'elle ne le soit pas sous le rapport des 25 centimes que ce brave homme trouvait chaque matin dans sa poche. Je vous souhaite mieux que cela, car si vous ne disposiez chaque jour que d'une si minime mise de fonds, il serait difficile d'entreprendre de grosses affaires.

Et cependant ne nous étonnons de rien, ces diables d'intérêts composés nous réservent d'éternelles surprises et ne nous apprennent-ils pas, même au sujet du vieux bonhomme cité plus haut, que s'il avait placé un sou chez un banquier de ses amis, un Rothchild quelconque de ces temps-là, il pourrait aujourd'hui être possesseur d'une quantité d'or si formidable que nous ne pouvons guère nous en faire une idée exacte.

Histoire à compter après déjeuner, que tout cela. Occupons-nous, si vous le voulez bien, de choses plus sérieuses et causons un peu de notre principal sujet : Le voyageur de commerce.

Savez-vous, mes chers collègues, que nous sommes 120,000 voyageurs dans notre chère France. Gaudissart, notre illustre patron a été bien fécond en successeurs mais non en imitateurs. Ce qui nous conduit tout droit à dire que le voyageur a fait bien des progrès quoique restant encore avec beaucoup de défauts. Mais, est-ce que l'homme est parfait ? Non, n'est-ce pas ; ne désespérons donc de rien, et je suis certain, sans vanité, que nous arriverons à nous trouver pas mal de qualités en étudiant sérieusement notre rôle, nos attributions dans la société, en un mot les devoirs que nous avons à remplir.

CHAPITRE Ier

Et tout d'abord divisons-nous en trois grandes catégories :
1º Les voyageurs à la commission ;
2º   id.   en titre ;
3º L'un et l'autre à la fois.

Un quatrième genre plus ou moins intéressant, que nous signalons pour nous distraire, c'est le voyageur pour « article politique ».

Le grand chef de ce genre est mort à la fin de l'année 1882 ; a-t-il laissé quelques prosélytes ? Ecoutons M. Nadar parler de lui dans *Le monde où l'on patauge*.

Nous sommes loin de partager les idées émises par l'auteur de ce morceau littéraire, mais nous le donnons simplement à titre de curiosité comme type de fine critique.

...L'illustre Gaudissart n'était pas mort du tout quoique enterré.

Et d'ailleurs la race des Gaudissart est éternelle comme elle est ubiquiste. Le Gaudissart envahit, englue, poisse et foisonne sans qu'on puisse s'en dépêtrer. Telle l'herbe dite chiendent ou le redouté bleu de Prusse dont un petit flacon suffit pour teindre le cours d'un fleuve.

Obéissant à l'immutable destinée de l'homme qui convoite toujours ce qui lui est surtout contraire, notre Gaudissart présent est hanté par l'idée fixe de regrimper là d'où on dégringole, pneumatiquement aspiré par l'irrésistible attraction des coups de balai.

Aujourd'hui plus que jamais il s'agite furieusement et sa petite cohorte avec lui, le tout avec fracas.

Toujours sans pareil pour bourdonner autour du trou sans savoir y entrer jamais, il a repris son métier de commis-voyageur pour (l'article politique), article (exceptionnel), exclusif!!! — qui s'appelle vulgairement « plus de beurre que de pain ». A nouveau coiffé du casque de Mangin, il court les cabarets d'Armenonville à Marseille, où on n'en veut pas, toastant comme devant en toute faconde et bonimentant. Frise-Poulet et Casmajou battent la caisse, tournent l'orgue et, aigris et suris, tout acide et fiel, disent des sottises au public qui ne veut plus entrer dans la boutique du phoque parleur, sachant qu'il n'y a rien dedans, et préférant la boutique à côté où il n'y a guère davantage.

Et c'est ici que le Gaudissart perdant tout à fait la tête en ce ratage suprême, nous fourre subitement sous le nez un énorme sac d'écus, comble des combles.

On n'entend plus parler que de journaux achetés à n'importe quel prix par Gaudissart-Carabas, qui n'en avait déjà que trop, de syndicats de millions sur millions.

Millions qui êtes vous ?

Millions d'où venez-vous ?

Millions vous êtes trop osés et vous trahissez votre maître en ne faisant pas les morts !

Car notre affolé n'a même pas supposé que le public allait tout d'abord se demander d'où il a tiré tous ces millions-là dont il pousse sa part et qui mènent un pareil tapage.

Assurément il ne saurait déplaire à personne, tout au contraire ! est-il bon et consolant de voir un brave garçon, parti de rien que sa bonne volonté et son courage, arriver à tout et à l'opulence encore.

Mais il nous faut qu'on ait gagné son argent de la façon très claire, car pour peu que la citerne soit trouble, c'est que le crocodile est au fond.

L'étudiant sans gros bagage et de modeste genèse qui prenait hier, sur le coup des cinq heures, sa « verdoyante » au café de Madrid, en sa poche paré tout juste pour répondre quand le garçon lui présenterait « la douloureuse », aujourd'hui devenu « braisé » et même « sacquiste» a fastueusement son parc et ses équipages.

S'il les gagne à vendre des paroles c'est son affaire, bien que je préférasse un autre genre de marchandises

Mais il prétend plus haut, et ne sachant même pas que celui qui se fait pasteur de peuples a d'autres devoirs que le soin de s'enrichir, le voici qui dépasse le téméraire en conduisant l'orchestre à la danse des millions.

Le président de notre Assemblée de 48, Marrast, qui avait bien ses petits défauts, eut au moins l'honneur de mourir pauvre, si pauvre qu'on dut ouvrir une souscription pour l'enterrer.

Gaudissart, lui, n'aura pas ce ridicule-là et d'abord parce qu'il ne mourra point président.

Ignorance, impuissance, arrogance avaient fait notre grotesque bien malade.

Les millions l'achèvent.

Mais puisque le tronçon du monstre bouge encore, s'efforçant une fois de plus à prouver que l'empire du monde n'est plus aux flegmatiques mais aux impudents; puisque de nouveau Gaudissart nous y convie et provoque, reprenons fouets et bâtons jusqu'à fin finale et bien acquise de bête et venin, au moins pour celui-là — en attendant les autres...

Ma toute petite part en cette besogne m'est douce.

Plus que désintéressé et dégagé de tout et en tout depuis que j'existe, dans l'aversion native et inquiète de tous marchands d'orviétan, de la langue d'oc, d'oil, d'ail ou d'ailleurs encore ; faiseurs, fricoteurs, blagueurs, aigrefins, politiciens candidats et autres sortes de gens uniquement propres à se faire faire par nous des rentes avec les opinions qu'ils n'ont même pas ; à jamais encore défiant toute retrouvaille d'anciens « petits papiers » compromettants — car ici tu peux te fouiller, ô Gaudissart ! et ton armoire secrète aussi ; stupéfié jusqu'à l'effarement de voir que tant de gens ardelionesques qui ne savent pas mieux que moi se conduire eux-mêmes ont l'audace de prétendre diriger les autres ; ébahi de l'impudence de ceux-là et de la crédulité de ceux-ci, indigné contre tous ces intrigants ou coquins, menteurs et affronteurs, renégats et parjures, qui voudraient arriver à me faire accroire (jamais) que ma République n'est pas de ce monde ; écœuré des compétitions sans fin de la vanité, de la cupidité, de l'incapacité et de la fourbe qui s'entr'arrachent, énervent et épuisent la grande et chère patrie ; je regarde le vilain spectacle du plus loin possible, mon sifflet en main, et tâchant par instants, comme dit l'autre, de rire pour ne pas pleurer...

Je crois, ami lecteur, que nous pouvons déduire une petite morale de ce morceau littéraire et je vous proposerai celle-ci : c'est que l'honnêteté devrait être la vertu par excellence de « tout le monde ». Malheureusement c'est presque le contraire qui existe et c'est tout à fait facile à démontrer. Mais je poserai comme principe et soutiendrai envers et contre tous que « si l'honnêteté était bannie du reste de la terre, nous devrions la retrouver dans le cœur des voyageurs. »

En effet, si nous n'admettons pas ce principe, que deviendrait le commerce ? pas de transactions possibles sans cela ; plus de relations franches et amicales, toujours un dupeur et un dupé.

Cela ne peut être, cette répugnante besogne ne pourrait que nous écœurer, c'est pourquoi je n'hésite pas à proclamer que tout voyageur est et doit être foncièrement honnête. C'est d'ailleurs l'immense majorité de notre grande corporation ; et si quelques-uns de ses membres ont quelquefois failli à l'honneur, nous pouvons justement affirmer que l'exception confirme la règle, et que ce n'est pas une brebis galeuse qui prouve que tout le troupeau est infecté. L'homme étant de nature essentiellement imparfaite, il est absolument certain que toute société portera dans son sein un membre plus ou moins profondément gangrené.

Nous ne devons pas pour cela anéantir, détruire cette société; coupons ce membre gangrené, rejetons-le loin d'elle, elle n'en sera que purifiée et rehaussée.

Pour un exemple d'indélicatesse, j'aurais à vous citer plusieurs mille d'actions louables de haute morale, de bienfaisance, de charité, mais de cette charité qui vous donne sans blesser votre amour-propre, sans que vous ayez à rougir d'accepter l'offrande.

En voulez-vous un exemple ? je choisis entre mille.

Nous assisterons à la fin d'une coutume quelque peu barbare, que nos mœurs rejettent complètement : je veux parler des « brimades » qu'une bien vieille habitude voulait que l'on infligeât à tout débutant dans n'importe quelle carrière ; nous y trouverons également le récit d'une excellente action, ce mouvement spontané qui porte toute une assemblée à faire le bien, est admirable et je vous en fais juge.

LE BAPTÊME DU BÉJAUNE (1)

« La coutume existait de célébrer au premier hôtel venu la réception d'un béjaune ou débutant signalé par les plus agiles. C'était le prétexte d'un repas souvent trop arrosé, et la fête s'appelait le passage de la ligne, nom emprunté, comme on sait, au langage maritime. L'eau toutefois, on le suppose, y jouait le dernier rôle si elle y figura jamais autrement que pour faire étinceler les carafes aux lumières environnantes.

« Au dessert un des plus décidés boute-en-train prenait sérieusement à part le néophyte et lui démontrait sans peine la nécessité inévitable de solenniser par quelques libations sacramentelles son affiliation au corps honorable des voyageurs de commerce. Cette façon de mendicité, ou si l'on aime mieux, cette invitation provoquée, innocente pour les réfléchis d'alors, était bientôt approuvée avec plus ou moins de bonne grâce, et l'on procédait sans perdre de temps à la toilette du nouveau venu. Elle consistait en serviettes roulées en couronne sur la tête ou étendues sur la poitrine et le dos. Un sac de nuit

---

(1) Les fils de Gaudissart par Alexandre Fourgeaud.

au bout d'un baudrier, un bouquet de légumes dans une main, un balai dans l'autre en guise de sceptre, complétaient ensemble la burlesque transformation de l'objet de la folle investiture.

« Assis sur un siège orné pour la circonstance de casseroles et autres ustensiles de l'hôtel (et de préférence les moins publics) le débutant était promené trois fois autour de la table. Les assistants, voyageurs, maître-d'hôtel et marmitons, portant chacun deux bouteilles de vin de Champagne, faisant cortège, chantaient à tue-tête et sans accord une de ces cantilènes idiotes, dont l'auteur anonyme a fait preuve d'esprit en ne la signant pas. Un hourra général terminait l'unique couplet et aussi la solennelle promenade, et l'on posait le héros au milieu de la table. L'instigateur principal, meneur de la folie, invitait, comme un président, l'auguste compagnie à prendre place. Puis s'adressant au débutant :

— Parlez, disait-il. — Parler de quoi et sur quoi ?

L'interpellé, embarrassé d'ordinaire, étouffait sous les entraves de la timidité. On lui désignait alors parmi les assistants un avocat, ou plus exactement suivant l'expression du lieu, un bavard solliciteur.

— L'impétrant, disait celui-ci, après un salut

affecté aux quatre points cardinaux, sollicite son admission à circuler librement sur les routes de France.

— Aime-t-il les artichauts ? demandait le président grave et imposant.

— Il les aime.

— Bien. Les navets sont-ils de son goût ?

— Ils le sont.

— Très-bien. Qu'il déclare sans ambage ce qu'il pense des gargotiers, aubergistes, hôteliers et des épinards, des haricots abusifs et de l'eau chaude, mal à propos.

— Toutes choses, selon lui impertinentes, fastidieuses, indignes de paraître une fois l'an devant les gens de goût. Il les a en profonde horreur.

— On ne peut mieux. Donc je proclame la résolution prise irrévocablement après l'examen approfondi dont nous sommes juges incommutables : Au nom des voyageurs de ce monde et de l'autre, le sage impétrant qui a si bien parlé est déclaré, reconnu et honoré comme nous-mêmes, et maudits soient les hétérodoxes !

Un murmure s'élevait en ce moment dans un coin obscur.

— L'opposition aurait-elle quelques griefs à soumettre à la docte assemblée ? demandait le président en fronçant les sourcils.

Le maître-d'hôtel, auteur du murmure, se levait en affectant peu d'assurance, mais souriant néanmoins.

— Observation capitale et préjudicielle, disait-il. L'affilié ici présent aurait-il une coupe ou un gobelet d'étain.

— L'un et l'autre, répondait le président. Est-ce toute réclamation ? Personne n'a autre chose à présenter ? Passons aux mystères.

« Sur un signe du bavard solliciteur, les bouchons sautaient au plafond. L'initié, toujours assis sur la table, recevait d'un marmiton, à la place du sceptre et du bouquet, un grand verre de cristal et un énorme gobelet d'étain. Le Champagne coulait à flots ; le héros grotesque et souriant, altéré souvent par la chaleur du triomphe, implorait vainement pour sa soif. Enfin on l'entendait : les bouteilles se tendaient vers lui avec une émulation empressée, mais cérémonieuse, et nul ne voulait impoliment passer le premier. Ce jeu affecté irritait la soif et l'impatience du débutant. La colère mêlait brusquement le tout et en ce moment prévu, des carafes d'eau répandaient leurs cascades de la tête aux pieds du héros piteux, et avant qu'il pût revenir de sa suffocation, il se sentait enlevé et promené à travers les couloirs de l'hôtel aux cris répétés :

— Gloire au béjaune ! il est digne, il est digne.

« Tel est le résumé de cette joyeuse fête de fous, à quelques variantes près, improvisée suivant les circonstances et l'humeur du débutant Est-il invraisemblable qu'il n'en trouva pas toujours les épisodes à son goût ?

« Racontons la dernière célébration du passage de la ligne.

« Un voyageur à la commission, Alexis Toury, représentant d'une maison de Paris était à Orléans, à l'hôtel du Belvédère. Joli garçon en froides relations avec la Banque de France ; le désir de plaire à cette dame toujours belle et cruelle dans sa fidélité aléatoire au Trésor, son époux, lui donnait une ardeur aux jambes, au cœur et à la tête, que les affaires entretiennent jusqu'à la surexcitation. Sa première journée fut excellente dans le chef-lieu du Loiret. Il rentrait tout joyeux à l'hôtel, lorsqu'un voyageur dit à sa vue : — Il a l'air bon enfant, le béjaune.

« Alexis l'entendit. Il connaissait la vieille coutume et savait qu'on ne devait pas y échapper si l'on tenait à poursuivre en paix la carrière du voyageur. Or une chose l'embarrassait : il possédait trente francs pour tout bien.

« Il ne s'émut pas cependant outre mesure. C'était un esprit éprouvé à bien d'autres difficultés.

Il se rendit à l'appel du dîner avec une fermeté et un sourire triomphant qui lui méritèrent dès l'abord la sympathie générale.

— Bon ! se dit le maître-d'hôtel à part lui, il y aura du vin répandu ce soir.

« Mais Alexis, sentant le prix des minutes, regarda un vieux routier à cheveux blancs placé en face de lui et lui dit comme on déposait le dessert sur la table :

— Messieurs, je voyage ainsi que vous l'avez deviné pour la première fois et n'ignore pas à quoi m'obligent les usages. Je m'y soumettrais sans difficulté, n'était l'opposition que me fait ma bourse à peu près vide.

« Disant ainsi, il vidait le contenu de son porte-monnaie en ajoutant : — Veuillez compter ma petite fortune.

« On compta trente francs en tout.

— Comment ! vous vous êtes mis en route avec ce mince viatique ! s'écria quelqu'un.

« Le maître-d'hôtel ne riait pas.

— Je voyage à la carte, circonstance aggravante pour ma position — dit Alexis — et je n'ai pas osé accepter l'avance que m'offrait mon patron.

— Mais c'est un tort, car vous n'irez pas loin.

— En effet, mais j'ai mis ma confiance dans

le Dieu de l'imprévu que nous nommerons ici l'Etre suprême, dirigeant les novices du voyage dans ce labyrinthe inconnu.

« Tous le regardèrent.

— Que veut-il dire ? se demanda-t-on.

« Un mot circula avec la vitesse de l'étincelle électrique et le bruit retentissant de pièces d'argent sur une assiette fit le tour de la table. Alexis souriait comme un homme heureux d'une espérance exaucée. Cette générosité spontanée du voyageur de commerce n'était donc pas un leurre de langage.

« Les larmes surgirent au bord des paupières du débutant, lorsque l'assiette arriva devant lui portant deux ou trois cents francs. Il n'était pas un enfant gâté du destin et son scepticisme juvénile se trouvait en déroute à la première rencontre d'un fait exceptionnel de cordiale assistance.

« Il détourna la tête pour cacher son trouble, et appela le garçon de salle, en repoussant l'assiette bienfaisante.

— Priez le maître-d'hôtel de venir, dit-il.

« Le maître-d'hôtel, désespérant tout-à-l'heure d'une aubaine entrevue, n'était pas loin, il s'empressa de répondre à l'appel.

— Monsieur, lui dit Toury avec une loyale fermeté dans l'accent et le regard, je désirerais célébrer ma bienvenue suivant l'usage établi. Voulez-vous me faire crédit pour dix bouteilles de Champagne ?

« L'hôte avait vu le contenu du porte-monnaie et, ne s'expliquant pas cette assiette brillante que ne quittaient pas ses yeux, il hésitait à faire sa réponse.

— Apportez le Champagne ! s'écrièrent les assistants indignés et d'une seule voix, nous vous payerons nous autres.

« Alexis alors ne put contenir davantage les marques de l'attendrissement qui le pénétrait. Ce n'était point un sot, et il comprenait plus vivement qu'un autre, en sa qualité d'homme d'initiative et d'esprit.

« Tous le regardaient cependant pleurer, s'étonnant en eux-mêmes de cette sensibilité inouïe en raison d'une cause aussi simple à leurs yeux. Pendant ce temps, le Champagne fut apporté, les bouchons montèrent d'un saut au plafond, et une voix sonore entonna la série des toasts. A la cinquième bouteille Alexis se leva :

— Messieurs, dit-il, merci de tout mon cœur pour votre généreuse offrande. Nulle détresse, je le savais, ne peut rencontrer d'irrésolus parmi vous. Je suis inconnu et vous n'avez pas hésité à vous porter obligeamment vers moi. Merci, oh ! merci ! J'ai l'orgueil de convenir que vous ne vous êtes point trompés en me jugeant digne de vos secours et du titre honorable de confrère. L'avenir, vous le verrez, justifiera votre bonté et ma reconnaissance.

« Ces paroles ne produisirent aucune sensation. Seulement, quelques physionomies étonnées exprimaient peut-être le mécontentement de la pudeur à laquelle une main indiscrète arrache les voiles qui la couvrent.

« Alexis préoccupé ne vit rien de ces symptômes de déplaisir.

— Mais si je n'ai pu accepter l'offrande que vous avez voulu me faire si spontanément, poursuivit-il, je puise dans ma confiance à vos nobles penchants la conviction que vous adopterez une proposition digne de vous. Il faut abolir, croyez-moi, l'usage puéril, exigeant, inconsidéré et tortionnaire du passage de la ligne. Il n'est ni bon ni juste, en effet, et vous le reconnaîtrez en consultant vos cœurs, de forcer à contribution un béjaune souvent pauvre à l'entrée de la carrière. Cette fête improvisée, ce tribut de l'apprenti-voyageur, pouvait amuser autrefois les générations légères qu nous précédèrent et qui réfléchissaient peu. Aujourd'hui nous serions coupables en forçant les débutants à des dépenses coûteuses et inutiles. Je comprendrais pour ma part plus facilement que les anciens fissent accueil aux nouveaux venus, au lieu de les obliger à des frais dont ils sont incapables la plupart du temps. Notre époque a des tendances tout autres. J'en appelle donc à vos sentiments et à vos cœurs. Cette fête a quelque chose d'inique et elle doit être à jamais abolie.

« Alexis continua sur ce thème. Il fut plus éloquent, plus persuasif que nous ne saurions le rapporter, et l'accord unanime des assistants décida la suppression de cet anachronisme.

— Il a raison, fit-on de toutes parts ; c'est stupide.

« Alexis remercia encore, mais cette fois de la condescendance accordée à ses vœux.

— Messieurs, ajouta-t-il, nous célébrerons grandement, s'il vous plaît, la dernière fête du béjaune, car il ne faut pas que notre hôte, témoin de cet acte de renonciation, soit la victime de notre justice. Dans trois jours nous nous retrouverons ici. J'aurai alors une réponse et de l'argent, et je serai heureux d'être le béjaune sur lequel vous comptiez.

« Le surlendemain, comme il l'avait annoncé et bien que la lettre de Paris fut encore attendue, la ligne fut passée pour n'y plus revenir grâce à la confiance de l'hôtelier du Belvédère.

« Alexis s'offrit de lui-même aux joyeusetés de la circonstance, provoquant même l'abolition finale devant laquelle hésitaient les convives. Il fut si gai, si franc dans sa cordiale et sa plaisante humeur, qu'il ne fut question pendant six mois sur toutes les routes de France que de la fête d'Orléans. Ceux qui n'eurent pas la chance d'y assister tinrent à honneur de la renouveler partout.

« Aujourd'hui le passage de la ligne est bien décidément tombé en désuétude. Il a entraîné dans le naufrage de sa dernière goutte d'eau la dénomination de béjaune dont les contemporains de l'illustre Gaudissart, opiniâtres arriérés, persistent seuls à se souvenir.

« Depuis l'évènement de l'hôtel du Belvédère d'Orléans, le débutant n'est plus, de la part de ses confrères plus anciens, l'objet d'aucune plaisanterie sérieuse. Il est même remarquable qu'il en reçoit maintenant des conseils et des renseignements rarement illusoires. Son guide naturel ne l'égare jamais sciemment. Les niais et leur crédulité excitent bien encore le rire et les brocards, mais les moqueurs ne leur causent aucun préjudice, et ils ne sont pas d'ailleurs toujours des débutants. Les critiques dont ils sont assaillis leur seraient salutaires, loin d'être nuisibles, si la nature candide et innocente était capable de correction. »

Je conclus donc, en maintenant mes appréciations premières, à savoir : que le voyageur possède, au moins sinon plus que tout autre, le vrai sentiment de l'amitié, de la vraie fraternité et de la solidarité.

CHAPITRE II

Il n'est rien au monde comme les voyages pour mûrir un homme et lui former l'esprit ; c'est là qu'il acquiert cette science d'observation qui doit l'amener à être sinon un homme supérieur, du moins un homme accompli sous le rapport du bon sens, du tact et de l'instruction. Combien sont partis de rien, peu ou point lettrés, avec une certaine gaucherie, s'observant en toutes circonstances et qui au bout de quelques années ont acquis tout le bagage de l'homme intelligent, instruit, de bonne éducation.

Je sais bien que l'on peut m'objecter que MM. les voyageurs sont quelquefois un peu turbulents, tapageurs même, et qu'ils ne donnent pas toujours l'exemple d'une sage réserve dans les lieux où ils se trouvent.

Mais à cela il me sera très-facile de répondre que « si l'arc est toujours tendu, la corde perdra bientôt toute son élasticité » ; ou en d'autres termes, il faut, il est absolument nécessaire que l'esprit ne soit pas toujours occupé à des choses sérieuses, sans cela on s'expose à un surmenage toujours dangereux et fatal aux facultés intellectuelles.

Le délassement de l'esprit est chose utile, et partant de ce principe, je vais vous offrir, ami lecteur, quelques saillies qui, je l'espère, auront le don de vous distraire quelque peu et de vous faire oublier un instant le tracas des choses sérieuses que nous avons à traiter chaque jour.

Disons donc avec Rabelais :

« Miellx est de ris que de larmes escrepre ».

Les deux Perdrix et le Curé

(CONTE VILLAGEOIS)

Par une belle et froide matinée de décembre, Jean, le métayer, décrochant son vieux fusil qu'il plaçait comme ses aïeux au-dessus de la vaste cheminée qui existe dans la pièce servant de cuisine dans toute maison de campagne, se prépara à aller tuer quelque gibier pour passer le temps; la terre était trop dure, il fallait chômer, les travaux des champs étant impossibles par cette terre gelée.

Prenant par le vieux chemin encaissé, il remonta à sa vigne et une heure après revenait avec deux belles perdrix.

Femme, dit-il à sa ménagère, la brave Françoise, la chasse a été bonne : je vais inviter à déjeûner notre brave curé pour le remercier des services qu'il nous rend quelquefois. Prépare donc de ton mieux les perdrix que nous fassions bonne chère.

Là-dessus Jean sortit, alla trouver son pasteur et n'eut point de peine à le décider. Pour donner le temps à la ménagère de soigner le rôt, on s'installa à une fine partie de piquet qui dura un peu trop, comme va nous le montrer la suite de notre histoire.

La Françoise mit tous ses bons soins à rendre appétissantes ses perdrix ; le déjeûner cuit à point elle servit, recouvrit le rôt d'une assiette pour l'empêcher de se refroidir ; elle s'impatientait fort de ne point voir revenir son mari et le convive et pendant ce temps une odeur délicieuse s'exhalait de dessous les assiettes et un fumet odorant chatouillait agréablement l'odorat et le palais.

La gourmandise est un vilain défaut et comme pour la paresse nous pourrions dire qu'elle engendre si non tous du moins bien des vices.

Françoise se remettait quelque peu de ce défaut ; la faim, l'occasion et aussi le délicieux fumet la tentant, elle se mit à goûter d'abord une aile de de perdrix et, Dieu de Dieu ! c'était si bon que bientôt une des perdrix, morceau par morceau, se trouvait bientôt mangée.

Et les deux hommes ne venaient point !

La tentation était trop forte, la sainte Bible ne nous apprend-elle pas, d'ailleurs, que la première femme fut en butte à semblable obsession ? En digne fille d'Eve, Françoise mordit au fruit défendu et bientôt la deuxième perdrix rejoignit la première.

Hélas ! mille fois hélas ! que faire, que devenir après un semblable méfait ? L'acte de gourmandise ne fut pas plustôt accompli que la pauvre femme en sentit toutes les conséquences et se mit à le regretter amèrement. Mais en même temps la malice et la finesse innée dans cette douce moitié du genre humain, lui fit rechercher le meilleur moyen de se tirer de ce mauvais pas par quelque stratagème.

Laissant donc les plats recouverts comme s'ils eussent réellement contenu les perdrix, elle attendit l'arrivée de son mari et du brave curé.

Quelques instants après ils arrivèrent (l'eau à la bouche), pour nous servir d'une expression populaire, et l'excellente odeur du rôt répandue dans la cuisine prêtant à l'illusion, le mari dit: « Femme donne-moi mon grand couteau que je l'aiguise pour faire une belle entaille. Et il sortit son coutelas en main pour le passer sur la meule.

Pendant ce temps le curé s'installa devant le bon feu et tout en se chauffant les pieds disait à Françoise: « Que vous êtes bonne d'avoir pensé à moi pour ce petit dîner en famille, cela me fait grand plaisir et je remercie Dieu qui m'a toujours fait avoir des relations si cordiales avec mes excellents paroissiens.

Et l'on entendait le grand couteau grincer sur la meule.

Mais qu'avez-vous donc Françoise, dit le curé, vous me semblez bien triste :

— Oh! mon bon monsieur le Curé, je tremble à l'idée de ce qui va se passer.

Et l'on entendait toujours le grand couteau grincer sur la meule.

— Mais quoi donc Françoise?

— Eh bien voilà, monsieur le curé, mon mari veut vous couper les deux oreilles!

Il n'en fallut pas davantage à notre Pasteur pour prendre la porte et se sauver de toute la vitesse de ses jambes en passant comme un fou à côté de Jean.

— Mais qu'a-t-il donc? dit Jean à sa femme.

— Parbleu, lui répondit Françoise, tu ne vois pas qu'il emporte nos perdrix.

Alors Jean, sans prendre le temps de poser son grand couteau qu'il brandissait de la main droite, se mit à courir après le curé en lui criant:

— Mais donnez m'en donc au moins une!

— T'en donner une, brigand, je n'en ai pas trop de deux, lui répondait l'autre, tout en se sauvant et courant à perdre haleine.

Et voilà comment Françoise se tira de ce mauvais pas.

« Honni soit qui mal y pense ».

CHAPITRE III

Revenons-donc aux choses sérieuses et

examinons ensemble, ami lecteur, les différentes conditions et situations du voyageur, dont nous avons déjà parlé dans notre chapitre premier.

Le voyageur à la commission, n'ayant ni appointements fixes ni indemnité de voyage, est maintenant la grande majorité de l'honorable corporation. A lui seul le soin de régler ses dépenses et ses tournées ; de son initiative et de son intelligence dépendent ses recettes et personne que lui-même n'a rien à y voir. Son indépendance est illimitée, et la commission qui doit le rénumérer de toutes ses peines est en raison du chiffre plus ou moins élevé de ses affaires.

Et comme nous l'avons dit, cet usage tend à se généraliser parce que voyageurs et patrons y trouvent mieux leur compte.

De plus, le voyageur dans ces conditions peut ajouter à sa spécialité quelques autres cartes qui lui permettront d'occuper ses loisirs et d'augmenter d'autant ses revenus.

Le cas n'est pas rare ; et lorsque sa tournée terminée il se présente à la maison qu'il représente pour régler son compte, il n'est pas astreint au travail que doit fournir le voyageur en titre à sa rentrée. En somme, il peut aller, venir où bon lui semble: c'est donc un heureux mortel et aussi un futur rentier ou chef de maison, s'il est intelligent et travailleur.

Bien différent est le voyageur exclusivement en titre, qui est loin d'avoir les mêmes éléments d'émulation que le voyageur à la commission.

C'est par le fait un commis du patron qui à son retour doit faire acte de présence au magasin, surveiller la bonne exécution des ordres qu'il a reçus et ce n'est pas là un de ses moindres tracas, car le client est quelquefois hargneux et sait bien vous attrapper, amicalement il est vrai presque toujours, mais aussi quelquefois durement pour ne pas dire davantage.

Et cette période que nous pourrions appeler de repos est pourtant une des meilleures de son existence car, là, il peut déployer tous les talents de son éloquence pour raconter devant les jeunes, les conscrits, les affûteurs du voyage, toutes les aventures qui lui sont ou qui ne lui sont pas arrivées, aventures galantes surtout, dont ce petit peuple de jeunes gens est friand comme chattes, tout en rougissant d'aise et aspirant à leur tour à être les héros de telles bonnes fortunes.

Il y a loin de la coupe aux lèvres. Riez, jeunes amis, en entendant le récit de ces belles prouesses et anecdotes, mais vous êtes tous trop intelligents pour ne pas faire la part du feu et, s'il est des choses que vous devez imiter et chercher à rééditer, rappelez-vous que ce ne sont pas celles qui doivent vous conduire à ces aventures plus ou moins véridiques, mais bien celles qui se trouvent sur le chemin du travail, du labeur incessant.

Vos devanciers vous ont tracé une bien belle route, jalonnée d'heureux et de martyrs ; martyrs du travail, de ce travail opiniâtre qui est la force de l'homme courageux, qui ne se rebute de rien et qui, si l'avenir ne répond pas à son attente, à ses rêves de bonheur, a au moins, s'il succombe à la peine, le suprême bonheur d'avoir accompli son devoir et lutté jusqu'au bout.

Inspirons-nous toujours des idées de travail, de progrès, c'est là qu'est le succès. Faisons mieux, toujours mieux. «Excelsior», pourrions-nous dire, c'est là notre devise, c'est là notre seul et unique objectif.

CHAPITRE IV

En voyage ! En voyage ! Préparons et étiquetons avec soins nos multiples échantillons, rangeons tout cela avec ordre et soins minutieux, bouclons nos valises, buvons le coup de l'étrier et en route pour brasser les affaires.

La machine siffle, la vapeur gémit dans les pistons, et le lourd convoi s'ébranle emportant notre ami riche d'espérances, assoiffé de travail. Convenablement installé dans son compartiment sa couverture déployée sur ses genoux, chaussé de fines pantoufles et coiffé d'une moelleuse casquette il ne prête qu'un œil distrait aux beautés du paysage. Les arbres succèdent aux arbres, les plaines aux plaines, un tunnel vient soudain jeter sa note sombre et au-delà un riant village penché sur le coteau apparaît ; un fleuve est franchi, et malgré les sites riants ou pittoresques son esprit n'est point occupé par la nature verdoyante qui défile sous ses yeux. La pensée est ailleurs : il suppute déjà le gain qu'il retirera de son travail, aidé par son intelligence, et les combinaisons qui lui semblent heureuses germent dans son cerveau. Tout ira donc bien, il le prévoit; courage donc et à l'œuvre. Mais le trajet est long, des heures et des heures passent il faut rompre la monotonie du voyage et généralement les occasions ne manquent point.

Notre voyageur jeune et toujours galant a près de lui de charmantes voisines avec lesquelles il entamerait volontiers une conversation animée, les prétextes se présentent d'eux-mêmes; si madame voulait un coin elle serait plus à son aise; c'est si fatiguant un long voyage, mais lui y est habitué. Ah! il en a vu bien d'autres, les trains pris dans la neige, des heures entières passées à battre la semelle, les mille inconvénients enfin de sa vie de bohême. Et l'on cause, l'intimité s'établit, cette intimité relative du voyage qui dure quelques heures et à laquelle on ne pense plus cinq minutes après s'être quitté. Malgré cela que d'heures délicieuses n'a t-on point passées auprès d'une charmante voyageuse, et quels rêves enchanteurs n'a-t-on point entrevues pendant de courts moments; mais comme nous l'avons dit le départ vous sépare brusquement et adieu le rêve commencé, tout s'évanouit comme dans un songe pour faire place à la réalité.

Quelquefois les choses tournent différemment ; des relations suivies s'établissent car on a remarqué le voyageur éduqué, poli, aimable et cela se termine par un bon mariage et une affaire commerciale de premier ordre.

En voulez-vous un exemple ? j'en connais un particulièrement intéressant. Un flacon d'eau de mélisse fut l'ouverture du roman, flacon qui fut payé plusieurs millions comme va nous l'apprendre notre histoire des plus véridiques.

Muni de sa modeste boîte d'échantillons mon ami M**** prenait un jour à Bordeaux le train pour se rendre à Toulouse. Il se case dans un compartiment occupé déjà par un monsieur d'un certain âge et une jeune personne, fille du monsieur en question. Ces deux voyageurs se rendaient également à Toulouse où le monsieur que nous désignerons par B*** possédait une importante maison de commerce. La conversation s'engagea d'abord banale sur la pluie et le beau temps, thème qui prête toujours l'occasion de parler ; puis notre voyageur parla de la tournée qu'il commençait le cœur plein d'espérances, les affaires étaient dures mais en travaillant, et

Dieu sait s'il était travailleur, il espérait de bonnes affaires ; M**** beau causeur, spirituel, jeune, ce qui ne gâte rien, captivait ses deux auditeurs qui l'écoutaient avec le plus grand plaisir et ne se faisaient pas faute de lui donner la réplique.

Soudain, la demoiselle prise d'une indisposition subite, pâlissait affreusement et le père éploré essayait en vain de soulager son enfant. Le train ne devait s'arrêter que vingt-cinq minutes plus tard et le malaise ne se calmait point, au contraire. Que faire ! qu'inventer pour procurer un soulagement à cette charmante enfant qui semblait prête à défaillir à tout instant ?

M**** se souvint tout à coup qu'au moment du départ sa bonne mère, tendre et inquiète comme toutes les mères, lui avait glissé dans la poche un petit flacon d'eau de mélisse et quelques morceaux de sucre. Peut-on jamais prévoir ce qui peut arriver en voyage ?

Décacheter le flacon, imbiber le sucre et le présenter à la jeune personne fut l'affaire d'un instant et sous l'influence digestive de la chaude, brûlante et réconfortante liqueur, la malade se trouva bientôt dans un bien-être relatif, bien-être qui ne fit que s'accentuer rapidement et qui définitivement disparut au bout de quelques minutes.

Remerciements chaleureux du père, sourire gracieux de la demoiselle récompensèrent mon ami qui se défendait timidement et était assez heureux, disait-il, d'avoir eu le bonheur de rendre un si faible service à de si aimables compagnons de voyage.

Le reste du trajet se termina très agréablement et M**** fut invité à aller voir M. B**** pendant son séjour à Toulouse, on l'attendrait pour déjeuner tel jour à telle heure.

Mais, me direz-vous, nous devinons la fin de votre histoire : les jeunes gens s'aimèrent, se marièrent et eurent beaucoup d'enfants, comme dans les vieux contes d'autrefois. Parfaitement, ami lecteur, et votre sagacité n'a point été en défaut. M**** sur lequel M. B**** avait recueilli les meilleurs renseignements et reconnu son intelligence, l'attacha d'abord à sa maison par des offres magnifiques et il sut si bien mener sa barque qu'il est aujourd'hui l'heureux époux de Mlle B**** et le propriétaire de l'usine que son beau-père lui a cédée.

Aventure bien simple, dira-t-on. La vie offre t-elle donc toujours des complications ?

En résumé, les bonnes fortunes sont bien rares, et il en existe d'un autre genre qui sont peut-être plus tragico-comiques mais qui valent bien aussi la peine d'être narrées.

Appuyons toujours nos règles par des exemples et commençons notre petit récit par ces deux vers du bon Lafontaine :

> Amour ! amour ! quand tu nous tiens,
> On peut dire adieu prudence.

La prudence est pourtant la mère de la sûreté, nous disent nos vieux proverbes, et les proverbes ont bien souvent raison :

Oyez plutôt :

Vingt ans ! quel bel âge ! Je sais bien que c'est l'âge des folies, mais que celui qui n'en a jamais fait jette la première pierre à Jules, voyageur de la maison X*** et Cie à Orléans.

Ce jour-là, il prenait le train pour une station presque voisine de celle de son départ. La locomotive faisait entendre ses rugissements sourds de fauve prêt à mordre. Les hommes d'équipe allaient et venaient s'assurant par un dernier coup d'œil que tout était bien disposé pour le départ.

Enfin, la porte de la salle d'attente se

referme, tout le monde a pris sa place, le sifflet lance dans l'air ses notes aiguës et le monstre de fer s'ébranle avec des grondements de tonnerre.

Dans un compartiment de troisième classe sont installés quatre personnages :

Un bonhomme d'une cinquantaine d'années, type du commerçant retiré des affaires, et se rendant à ses plaisirs dans la ville voisine.

Une plantureuse nourrice et son poupon.

Puis notre ami Jules que je vous ai présenté plus haut.

Dans un coin le bourgeois dort ; dans un autre le marmot suce avidement le sein gonflé de lait que lui a tendu la nourrice, en face de laquelle Jules est assis dans une attitude admirative.

Dame si l'esprit est prompt, la chair est faible !

Et ne faut-il pas un peu rire en voyage ;

Crédié ; murmure-t-il, voilà un sacré gamin qui a de la chance ! Je le remplacerais bien dans son travail.

Et de fait, la nourrice a une mine des plus appétissantes ; son nez retroussé, ses yeux noirs et vifs, sa bouche bien dentée, ses épaules robustes, ont produit sur notre voyageur l'effet d'une décharge électrique.

Aussi commence-t-il une de ces déclarations qui vous fondraient le cœur le plus froid, fût-il à plusieurs degrés au-dessous de zéro.

Cela amusait beaucoup la nourrice qui le laissait dire et lui souriait même d'une façon fort encourageante.

Il semblait que le cœur de notre brave Jules se soit transformé soudain en fournaise, et il devint bientôt si entreprenant que la grosse Picarde se fâcha.

— Voyons, monsieur, me laisserez-vous tranquille à la fin ?

— Non, amour de nourrice, je ne vous laisserai point que vous ne m'ayez donné un baiser. Allons ! un seul, et aussi petit que vous voudrez, et je bats en retraite.

— Eh ! bien, riposta la commère qui paraît avoir pris un parti, tenez-vous à votre place et sous le premier tunnel, je vous promets de me laisser embrasser et..... seulement pas de bruit (et elle montrait le dormeur) ça le réveillerait, le monsieur du coin.

Sous le premier tunnel !

Cette promesse en contenait une foule

d'autres pour le bouillant voyageur dont l'imagination surexcitée se mit alors à faire le plus abracadabrant des voyages au pays de Cythère.

Sous le premier tunnel !

Il voyait déjà l'attrayante nourrice dans ses bras. Au besoin, on poserait le marmot sur la banquette et mille tonnerres ! quel baiser ! quel rêve ! Justement le bourgeois continuait son somme et semblait ne devoir l'interrompre qu'arrivé à destination.

Le train filait à toute vapeur vers le tunnel. Encore trois ou quatre minutes et l'obscurité allait se faire, pleine de ces mystérieux rapprochements qui sont un des grands attraits du voyage en chemin de fer.

Enfin un coup de sifflet retentit et la locomotive s'engagea sous la voûte noire.

Aussitôt la nourrice mit à nu les grosses joues postérieures du poupon et les approcha de la figure de Jules.

En sentant un visage se poser sur le sien celui-ci se mit à l'embrasser avec furie.

— Oh, nourrice de mon cœur, comme ta bouche est douce à baiser ! Comme elle est chaude ! Comme elle est parfumée !

Et l'on n'entendit pendant une seconde que

le bruit des lèvres de notre ami qui se livraient à un exercice échevelé.

Mais bientôt il recula épouvanté ; la bouche qu'il baisait avec tant d'ardeur venait de s'entr'ouvrir : un bruit étrange s'était fait entendre et l'amoureux Jules avait reçu en pleine figure le trop plein du nourrisson.

— Mille tonnerres ! s'écria t-il, vous avez trop mangé ce matin, nourrice : voilà votre déjeuner qui remonte !

La nourrice partit d'un grand éclat de rire.

A ce moment un autre coup de sifflet vint avertir qu'on allait sortir du tunnel et brusquement, presque sans transition le jour pénétra dans les wagons momentanément obscurcis, tandis qu'une odeur significative se répandait dans le compartiment.

Le bourgeois endormi venait de se réveiller et regardait le voyageur d'un air ahuri.

En même temps, le train s'arrêtait en gare de X****. La nourrice et le bourgeois descendirent tandis que Jules resté seul et comprenant enfin la mystification dont il venait d'être l'objet, essuyait d'un geste furibond son visage et ses habits.

Cornes du diable ! grommelait-t-il entre ses dents et en faisant une affreuse grimace, si c'est une mitrailleuse de ce genre que la nourrice devait me faire embrasser j'aurais mieux aimé que ce soit la sienne que celle de ce marmouset-là !

Et Jules, honteux et confus,
Jura mais un peu tard qu'on ne l'y prendrait plus.

Pour nous servir toujours des expressions de notre fabuliste national.

CHAPITRE V

Au commencement de notre cinquième chapitre nous assistons au départ de notre ami Gaudissart. Remorqué, balloté, secoué tout le temps pendant une plus ou moins longue suite d'heures il est enfin arrivé au but de son étape. Il connaît parfaitement l'hôtel où il doit descendre, donne son bulletin de bagages au conducteur de l'omnibus et en route, trajet moins long que le précédent pour se rendre chez les personnes qui vont l'héberger pendant son séjour dans la ville. Nous voulons parler du maître ou de la maîtresse d'hôtel.

Clic ! clac ! l'omnibus s'arrête devant une maison d'assez belle apparence ; c'est une vraie ruche, une fourmillère. Dix bras se tendent pour recevoir vos caisses, prendre vos valises. Un personnage grave surveille tout cela, vous salue obséquieusement tout en dominant du haut de sa grandeur le personnel de serviettes blanches qui s'empresse autour de vous. Ce personnage est le maître d'hôtel, appelé quelquefois vulgairement marchand « d'eau chaude ».

D'aucuns sont serviables, aimables, complaisants ; d'autres, à mine rébarbative ne doivent la prospérité de leur établissement qu'à la grâce et à la bienveillance de leur noble épouse. Cette charmante personne douce et toujours bonne, a si souvent prodigué ses soins généreux à ceux d'entre nous qui en avaient besoin, que toutes nos sympathies lui sont acquises. C'est un peu sa famille à elle, tous ces braves et bons cœurs de voyageurs ; aussi se fait-elle un devoir, comme nous le disions, d'apporter dans certaines circonstances, la bonté, le tact, et les soins que sait si bien donner la femme. Payons donc notre tribut de reconnaissance à ce charmant sexe faible qui sait quelquefois si bien alléger nos peines et nous faire supporter avec patience le lourd fardeau des affaires et la famille absente.

Ouvrons une parenthèse. Ce mot de femme nous oblige et nous porte à traiter une question importante : la femme! sujet grave et multiple, vaste champ ouvert aux discussions mais que nous nous bornerons à défricher seulement sur une faible surface ; à savoir, si le voyageur doit oui ou non s'attacher par des liens sacrés et indissolubles (vieille formule employée avant le divorce) à cette belle moitié du genre humain à laquelle appartient notre mère ou notre sœur.

Je n'hésiterai certainement pas à répondre : non ; le célibat est la conséquence forcée des voyages ; je ne prétends pas que ce soit une condition complètement indispensable, mais je dis qu'elle serait presque nécessaire. Nous ne mettons point en doute la fidélité de nos tendres épouses, Dieu me garde de semblables idées si peu galantes et de tels soupçons injurieux ; mais un voyageur devrait-il adorer, servir d'autre maîtresse que sa maison de commerce ? je ne le crois pas. C'est s'attirer quelquefois bien des mécomptes qu'agir autrement. Voyageurs mes amis, prenez-y garde.

Oh ! prenez-garde surtout de vous laisser circonvenir par les beaux yeux de cette charmante brune ou le doux sourire de cette délicieuse blonde. On est jeune, le cœur parle, la raison s'en va, conséquence forcée, et alors le dénouement accourt : Monsieur le maire passe là-dessus, l'honnêteté avant tout et vous voilà l'heureux seigneur et maître de cet ange tant désiré.

Que de jours heureux, le bonheur coule à pleins bords : c'est si doux cette lune de miel. Un mois, deux se passent ainsi dans les félicités sans noms et un beau matin tout cela cesse brusquement fatalement.

Qui donc a amené cette catastrophe !

Avez-vous donc oublié les échantillons, le carnet, les clients, leur patron, les voyages enfin ?

Tout cela réapparaît comme la réalité après le rêve et la séparation tombant en plein au milieu de tout ce bonheur, laisse un vide au cœur, un découragement bien préjudiciable aux intérêts de tous.

Il faut partir, la vie matérielle l'exige. Adieu pour de longs mois les douces rêveries à deux, les belles espérances. Que la vie est donc pénible !

Enfin on s'arracha des doux bras qui vous

enserrent, et la lutte recommence, le travail acharné est repris de nouveau.

Mais que de pensées vont en arrière, là-bas où est la bien-aimée. On connaît et ressent toute l'amertume de la séparation. Où est donc cette franche gaieté d'autrefois exempte de préoccupations trop sérieuses si ce n'étaient celles des affaires et auxquelles viennent s'ajouter aujourd'hui la douleur d'être seul.

Mais le travail est un puissant charmeur et les âmes bien trempées y trouvent bien des joies. Le voyageur marié y trouve donc un palliatif à ses peines. Il se lance dans les affaires avec une nouvelle ardeur, les distractions se font plus rares pour lui, car le souvenir de l'être aimé laissé bien loin le retient toujours sur la pente du plaisir. Et si de trop vives propositions lui sont faites par les camarades, il répond en soupirant : non je ne puis pas, j'ai des affaires sérieuses à traiter ce soir, et je ne suis plus garçon d'ailleurs ; argument décisif et que comprennent fort bien les autres.

Alors pendant que la bande joyeuse prend ses ébats au café du Commerce, à l'Alcazar ou au Cirque, notre ami qui n'est plus célibataire prend sa bonne plume et écrit à l'absente une longue lettre d'amour.

Et toute sa vie s'en ressent, il a hâte d'aller s'asseoir au foyer domestique, nul plaisir autre part. On travaille double pour mieux apprécier le repos et un beau jour il rentre se retremper de ce long et pénible effort, en reprenant cette douce vie à deux, dont l'abandon l'a tant fait souffrir dand son isolement relatif.

Il savoure donc à la fois les bonnes et douces joies de la famille et s'octroie quelques jours de parfait bonheur.

Mais tout a une fin en ce bas monde et comme précédemment il faut encore se séparer et repartir.

Supplice affreux, continuel, renouvelé comme à plaisir et qui a coûté bien des larmes.

Ne pourra-t-on donc jamais se reposer ? Et, nouveau Tantale, chaque année lui redemande le même sacrifice. Deux malheureux pour un heureux autrefois, voilà l'héritage du voyageur qui a quitté le célibat.

Enfin le jour désiré est arrivé. Notre ami a maintenant une place excellente qui lui permettra de ne plus quitter sa chère épouse et il pourra jouir en paix d'un repos si bien gagné. Il nage en plein bonheur et connaît des félicités à nulle autre pareilles.

Accordons-lui plusieurs années de cette douce béatitude.

Mais, un beau jour, l'ancien homme errant s'ennuie : on ne perd pas aussi facilement cette longue habitude des voyages, et la douce tranquillité qu'il a acquise commence à peser à cet homme viril et énergique qui était habitué aux durs combats pour la vie.

Il cherche ailleurs des compensations éphémères, le café le voit plus souvent, il en devient un habitué ; d'anciens amis rencontrés l'ont fait un peu nocer, on ne peut pas toujours vivre en ermite ? Alors cette bonne petite vie de famille commence à vous peser sur les épaules, on secouerait volontiers le joug. La paix du ménage court alors de graves dangers et c'est là un des plus gros écueils qui surgissent dans cette vie calme succédant a une vie quelque peu vagabonde.

Beaucoup sombrent alors ! triste épilogue que de trop nombreux exemples sont venus confirmer.

Ma conclusion ne sera donc que la redite de mon début sur cette matière. Toute discussion serait vaine, car il est absolument certain et démontré, par ne nombreux faits, que tout voyageur devrait faire vœu, non pas de chasteté, ce qui est matériellement impossible, n'en déplaise aux hommes noirs qui prétendent le contraire, mais bien de célibat.

X*** a le bonheur de posséder une charmante femme ; ils s'adorent pendant les quelques semaines que sa vie de voyageur lui permet de passer au foyer conjugal ; mais ces jours bénis sont si courts et l'absence au contraire si longue, qu'ils ne peuvent résister au plaisir de se voir et de passer quelques heures ensemble lorsque notre ami fait un séjour assez long dans une des villes qu'il visite.

Devant se rendre à B..., grand centre industriel, où les affaires devaient le retenir plusieurs jours, il envoya un doux petit billet à sa bien-aimée pour la prévenir qu'il serait à B... le mardi 15. Il arriverait à 8 heures du soir, elle n'avait qu'à l'attendre à la gare puisqu'elle même arriverait quelques instants avant. Suivait une longue épître sur les douleurs de la séparation, la joie de se revoir, les félicités humaines, divines mêmes, entrevues pour cette soirée du 15, etc., etc...

Le doux billet fut ma foi fort bien accueilli. On ne s'habitue pas au jeûne trop prolongé et la belle petite personne commençait à avoir un appétit qui devait, pour être satisfait, se trouver devant une table grassement fournie comme celle que lui promettait d'ailleurs X*** qui avait jeûné aussi.

Au jour et à l'heure dits elle arriva à B....

Le train qui devait amener X*** allait arriver ; aussi attendait-elle impatiemment sur le quai le moment heureux où elle allait donner un bon baiser à son cher mari. Le train entre en gare, le lourd convoi s'arrête, les voyageurs descendent et, après de vaines recherches, elle s'aperçoit que l'objet de sa tendresse n'est point parmi les personnes descendues...

Disons, entre parenthèses, que X*** retenu au dernier moment pour traiter une affaire importante, avait bel et bien manqué le train et ne pouvait se trouver à B... que le lendemain.

Que faire dans une grande ville que l'on ne connait pas, lorsqu'on est faible femme et que l'on possède cette timidité qui rend si charmantes tant de personnes du beau sexe. Son embarras bien visible fut vite remarqué par un jeune homme de vingt-cinq à trente ans qui flânait par là et qui jeune Don Juan, aimable et complaisant, s'empressa d'aborder la jeune femme en se mettant tout à son service pour ce dont elle pourrait avoir besoin. Il parla si bien et si gentiment qu'elle ne fut pas longtemps à lui confier sa peine, ce qui mit notre jeune homme tout de suite en gaie et belle humeur, pensant bien avec raison que le Dieu des Amours avait l'air de lui offrir une riche occasion de lui faire un sacrifice.

Il sut si adroitement manœuvrer que la pauvrette mit en lui toute sa confiance et n'hésita pas à le prendre et l'accepter comme un sauveur.

Un riche restaurant les abrita jusqu'à minuit et à cette heure quelque peu indue on aurait pu voir notre couple installé dans une voiture et se rendant à l'hôtel du Lion d'Or où, grâce au champagne absorbé, elle ne sut pas refuser les dernières faveurs à son aimable compagnon.

Quelle nuit bon Dieu ! Elle avait si faim la pauvrette ; et puis que celle qui n'a jamais péché lui jette la première pierre.

Ils partirent de bonne heure de l'hôtel où on n'avait pour ainsi dire pas aperçu la jeune femme ; ils se séparèrent, lui jurant de garder un éternel souvenir de cette nuit d'amour, elle troublée, rougissante et en définitive fort contente d'avoir eu pour compagnon un si charmant cavalier.

X*** n'arrivait toujours pas. La journée se passa dans l'attente pour notre amie qui alla s'installer définitivement à l'hôtel en attendant l'arrivée de son mari.

Le soir venu, elle se rendit de nouveau à la gare. Cette fois X*** arriva un peu tard, hélas ! mais, ne s'en doutant nullement et serrant sa petite femme sur son cœur, il lui demandait pardon de ce maudit retard et lui promettant, en la regardant tendrement, de larges compensations.

— Que tu as dû t'ennuyer ma chère petite femme et où es-tu descendue ?

— A l'hôtel du Lion d'Or.

— Ce n'est pas où je vais d'habitude, mais puisque tu es installée nous allons y passer la nuit et demain nous aviserons.

Après un excellent repas, encore finement arrosé, nos deux amoureux se hâtèrent de se retirer dans leur chambre qui se trouvait être justement celle où elle avait passé la nuit précédente.

— C'est justement ici mon ami que j'ai couché la nuit dernière. Comme j'ai peu dormi !

Pas menteuse la petite femme !

X*** brûlait de mille feux ! il se mit en devoir de les éteindre et je vous assure qu'il y réussissait. C'était un bruit de baisers, des soupirs .....

Soudain on frappa violemment au mur qui séparait de la chambre voisine et une voix en colère se mit à crier :

— Dites-donc, les amoureux, est-ce que vous allez faire le même vacarme que la nuit dernière ?

??!!   ??!!   ????!!!!

Je n'ai point connu les héros de cette grivoise aventure et ne puis vous assurer de la véracité du fait ; et si vous aviez des doutes sur son authenticité rappelez-vous que c'est un mien ami, gascon de naissance et hâbleur par habitude, qui me l'a contée un soir de mardi-gras après de copieuses libations.

CHAPITRE VI

On a souvent reproché aux voyageurs de commerce une déplorable tendance à l'exagération, à la vantardise, en un mot à la hâblerie. Si cela était vrai, et c'est certainement vrai quelquefois ils auraient cela de commun avec bien d'autres gens. Trouvez-moi plus vantards et menteurs que chasseurs ou pêcheurs. Ne les avez-vous pas entendus mille fois vous raconter leurs prouesses dans lesquelles l'imagination crée de toutes pièces les fables qu'ils vous énumèrent avec un sang-froid étonnant. Ces terribles massacreurs de gibier, ces féroces dépeupleurs, dévastateurs de nos ondes limpides n'ont la plupart du temps que tué quelques charmantes alouettes, les autres retiré de l'eau que quelques mignonnes ablettes.

Tels sont certains voyageurs.

Au fond les meilleurs enfants du monde, et à la surface, avec les gens qui ne les connaissent pas, des individus pleins de morgue, vous regardant du haut de leur grandeur, petits marquis de Carabas enfin !

Ce sont tout simplement d'aimables fumistes, de charmants farceurs, qui sous ces dehors trompeurs cachent comme nous l'avons dit un cœur d'or qui ne demande qu'à se partager à la première occasion.

Et pourquoi donc ne rirait-on pas quelquefois ? depuis quand la gaîté est-elle disparue de cette terre ? Une bonne farce a bien son sel du moment qu'elle n'atteint personne dans son honneur ou dans ses biens. Il ne faut pas être, comme on dit vulgairement, ennemi de la joie, cela engendre la mélancolie et vous amène tout droit à être maussade. Le rire est le propre de l'homme, a dit Rabelais, et j'accepte son dire car il était, vous le savez comme moi expert en la matière.

Ne reprochons donc la joyeuse humeur à personne, au contraire ; aussi ne pouvons-nous nous résoudre à sermonner nos confrères qui auraient un penchant pour les bonnes farces, ou ceux dont la langue agile nous raconte des hauts faits imaginaires qui en somme ne sont gobés que par quelques bons badauds qui en éprouvent un grand plaisir.

Nous connaissons tous cette vieille histoire bien souvent rééditée où le bavard se fait remettre poliment et finement à sa place. C'est la seule vengeance d'ailleurs que l'on en doit tirer.

Au bon vieux temps des diligences, un voyageur fort en langue, beau causeur, captivait certain jour les dix voyageurs d'intérieur qui faisaient le trajet de Bordeaux à Agen.

On parlait de curiosités et chacun racontait et décrivait la merveille aperçue dans telle ou telle ville. Il faut bien passer le temps en voyage. A chaque récit, c'étaient quelques discussions, on contestait et on finissait bien par s'entendre.

Vint alors le tour de notre voyageur qui appartenait, comme nous le disions, au genre que nous avons décrit précédemment.

Moi, dit-il, j'ai beaucoup voyagé, beaucoup vu et beaucoup retenu par conséquent, mais la chose la plus curieuse, la plus invraisemblable, la plus étonnante que j'aie jamais vue ce fut dans une ville d'Espagne.

Vous connaissez sans doute tous Pampelune, c'est là, dis-je que j'eus occasion de voir cette huitième merveille; oui, Messieurs, j'ai vu, de mes yeux vu, un chou aussi gros qu'une maison.

Epatement, effarement complet de presque tous les auditeurs qui crurent certainement avoir en ce moment affaire à un eespèce de fou nullement dangereux mais excentrique en diable :

Notre voyageur jouissait donc de son triomphe lorsqu'on lui répondit du fond de la diligence.

— Mais, monsieur, ce que vous dites ne m'étonnerait nullement, car j'ai parfaitement vu, toujours à Pampelune, une marmite aussi grande qu'une église.

— Vous me permettrez, monsieur, de mettre en doute ce que vous dites-là, répondit le voyageur. Le fait semble tellement extraordinaire qu'il est assurément impossible ; d'ailleurs, et je vais vous lancer une objection qui réduira à néant ce que vous prétendez. Qu'aurait-on pu faire d'une semblable marmite ?

— Eh! parbleu, monsieur, vous ne l'avez pas deviné ? C'était pour faire cuire votre chou.

Les rieurs ne furent pas du côté du voyageur.

Entendu par un voyageur de commerce qui parcourt en voiture les routes de son département.

Il montait une côte assez raide et pour se dégourdir un peu les jambes il descendit de voiture et se trouva près de deux pauvres diables dont il entendit la conversation.

L'un était aveugle, son accent le fait reconnaître pour un Marseillais ; tandis que son compagnon, sourd comme un pot, sentait beaucoup le normand.

S'arrêtant brusquement, l'aveugle cria à son compagnon :

—Vois-tu là-bas ce clocher? eh! bien, je vois tout au sommet une fourmi qui monte, monte toujours et va bientôt atteindre la toute petite pointe au-dessus du coq.

— Ah! tu la vois? repartit son compagnon, la belle affaire, moi, je l'entends marcher !

Beau couple de farceurs, n'est-ce pas ?

La langue est la pire et la meilleure des choses, nous apprend Esope dans ses fables. Inclinons-nous car ce sage avait bien raison. Sans entrer dans de trop longs développements sur ce sujet qui n'est point d'ailleurs dans notre programme, et nous n'en aurions pas parlé si nous n'étions sur le chapitre des bavards, vantards et autres, nous ferons remarquer cependant qu'il est quelquefois prudent de mesurer ses paroles.

De simples farces ont entraîné quelquefois des conséquences graves, et un mot lâché imprudemment causé de sombres drames. Les exemples ne nous manqueraient pas ; mais notre but n'étant point d'assombrir l'esprit de nos lecteurs, mais bien plutôt de l'égayer, ne prenons donc que le côté joyeux que peuvent produire un flux de paroles plus ou moins véridiques, plus ou moins entachées de vantardises.

J'ai connu personnellement un charmant garçon avec lequel je me suis trouvé bien souvent à la table d'hôte et qui nous rendait des points à tous, tant il avait la langue déliée.

Dieu seul sait le nombre incommensurable de blagues qu'il égrenait chaque jour lorsqu'il se trouvait devant un auditoire quelconque.

Nous ne l'appellions plus que «le blagueur».

Il était surtout intarissable lorsqu'il parlait de ses aventures amoureuses. Don Juan de la plus dangereuse espèce, rien ne lui résistait, selon son dire. Il nous avait si bien saturés de ses contes abracadabrants qu'un couple de loustics se promit un jour de lui procurer un rendez-vous amoureux dont il ne se vanterait point.

Nous étions ce jour-là à L*** charmante petite ville de dix mille habitants, possédant des promenades superbes, longeant un cours d'eau large et limpide, lesquelles promenades cachent le soir, à l'ombre de leurs grands chênes, de nombreux rendez-vous.

Nous devions y séjourner plusieurs jours, et le soir de notre arrivée, mon ami que nous appellerons B*** si vous le voulez-bien, se mit à nous narrer une histoire galante, dont il avait été le héros l'année précédente dans la ville où nous nous trouvions.

Il comptait bien n'en pas partir sans avoir fait une nouvelle victime, car une demoiselle de magasin lui avait lancé le jour même des œillades significatives et il était homme à en profiter. Il connaissait déjà son nom, Clémence, jolie brunette, piquante et pimpante, aux yeux à damner cent capucins.

Ces paroles ne tombèrent point dans les oreilles de gens sourds et nous résolûmes à trois de lui procurer un charmant rendez-vous.

Dans notre trio était un jeune imberbe très-propre au rôle que nous lui destinions ; pour la circonstance il devait remplacer Clémence ; grâce aux habits féminins dont il serait affublé, à sa voix frêle et à son esprit vif et enjoué, l'illusion serait complète.

Le lendemain matin à la première tournée du facteur B*** recevait un doux billet bien parfumé, signé Clémence, dans lequel on lui expliquait qu'on mourait d'amour pour lui et finalement rendez-vous à 9 heures sur le mail.

Au déjeuner, notre homme étouffait de joie, se contenant à peine et ne parlant cependant que vaguement d'une soirée délicieuse qu'il devait passer, naturellement en compagnie d'un individu du beau et faible sexe.

Ça mordait ; nous faisions un peu les indifférents, tout en nous frottant silencieusement les mains en voyant déjà la réussite de notre petite fumisterie.

Au dîner notre homme apparut sanglé dans sa fine redingote, sentant bon, parfumé comme un petit maître, la moustache en croc, bref l'air conquérant.

On se quitta en prétextant diverses affaires ; notre complice, le jeune imberbe, alla se vêtir en jeune personne, et cela lui allait ma foi, fort bien après quoi il se rendit au mail attendre B*** qui lui-même vint à 9 heures précises, ne voulant pas faire attendre, comme il convient à un galant homme.

Deux autres camarades mis dans la confidence nous accompagnèrent avec les instruments nécessaires pour l'accomplissement de nos sombres desseins. Nous attendions, cachés à proximité du banc où se tenait la soi-disant jeune personne.

B*** arrive donc, l'ingénue se lève, lui prend

le bras et avant qu'une dizaine de paroles soient échangées, nous surgissons brusquement à deux en criant : les misérables !

— Ciel ! mon mari, s'écrie la prétendue Clémence, je suis perdue.

Et avec une agilité sans pareille elle détale laissant B*** ahuri ; et, en moins de temps qu'il n'en faut pour décrire ici cette scène, l'un de nous arma un pistolet, fit feu en l'air en même temps que le deuxième compère braquait sur le pauvre B*** une énorme seringue remplie de sang qu'il lançait au visage de l'amoureux transi.

B*** poussa un cri de douleur, une exclamation sauvage, porta les mains à son visage ensanglanté et s'affaissa plutôt qu'il ne s'assit sur le banc témoin discret de son rendez-vous.

Inutile de vous dire que nous nous étions dérobés avec la plus grande rapidité et que nous étions déjà loin avant que B*** fût revenu de son effarement.

Nous apprîmes qu'il était parti de la petite ville de L*** le lendemain à la première heure, l'air penaud et confus, car en garçon point sot il s'était vite aperçu de la fumisterie dont il avait été l'objet. La leçon lui a été salutaire je le rencontre bien souvent et ne l'entends plus parler de ses nombreuses conquêtes.

Mais, lorsque les hasards du voyage rassemblent le trio assassin, vous pensez si l'on rit au souvenir de ce grand crime.

CHAPITRE VII

LE MAITRE D'HOTEL

Nous avons parlé vaguement de cet être si obséquieux envers le voyageur et si tyran envers son personnel salarié ; mais nous nous proposons ici de traiter le sujet plus longuement. Nous avons beaucoup à dire, beaucoup de critique à faire. S'il est vrai que nous en rencontrons quelquefois de polis, affables, vraiment serviables et à hauteur de leur tâche, nous en voyons aussi bien souvent en revanche qui sont impolis, grossiers, mal élevés, mal serviables, en un mot de véritables chiens hargneux qu'on ne sait de quel côté prendre pour ne pas se déchirer à leur rugueuse écorce.

Une bête vanité cause presque toujours le mauvais caractère de ces pauvres types.

Autrefois, simple marmiton, le maître d'hôtel parvenu à acquérir ce titre et les prérogatives qui y sont attachées, par une de ces chances ou veines inexplicables comme le sort en réserve à quelques individus, transporté tout à coup dans cette haute sphère de marchand d'eau chaude, cette élévation inespérée et vers laquelle il ne levait jamais les yeux craignant de perdre la vue comme un simple mortel qui fixerait un soleil incandescent ; grisé enfin, le cerveau trop étroit pour supporter un tel choc de chance il s'est enflé d'orgueil au point d'en crever, et il en crèvera soyez-en sûr.

Sa bêtise surchauffée, se vaporise trop vite ; les idiotes insanités qu'il débite sont encore des soupapes trop étroites pour épancher le trop plein, il est donc fatalement condamné à faire explosion.

Aussi faut-il le voir dans l'exercice de ses fonctions, qui consistent principalement à harceler les autres, la mouche du coche, quoi! comme il est peu complaisant, ou bien ses avances sont si cauteleuses que l'on se fait cette réflexion : « trop poli pour être sincère ».

En d'autres moments il vous envoie tout simplement promener ou fait le sourd pour ne pas vous répondre.

Vous pourriez croire, amis lecteurs, que je vous présente un type purement imaginaire et simplement rêvé par moi. Vous auriez tort ; l'individu existe, il est palpable. Combien de fois ne l'ai-je pas vu traînant péniblement sa grosse et bête personne.

Et pour bien vous montrer jusqu'où va l'intelligence de notre triste sire je vais vous donner quelques exemples.

Je fis un jour la rencontre de quelques amis que je n'avais pas eu le plaisir de voir depuis longtemps. Après les premières effusions, la joie de se revoir, etc... etc... nous pensâmes à des choses plus matérielles et je les invitai à dîner avec moi chez mon citoyen maître-d'hôtel en question, où j'étais des-descendu ce jour-là.

Nous arrivons quelques instants avant le dîner, et pour être plus en famille, je le prie de vouloir bien nous servir à un endroit tout autre que la table d'hôte.

Croiriez-vous que ce fichu crétin ne l'entendit pas ainsi, et nous dit fort crûment que si cela ne nous plaisait pas, nous pouvions aller manger autre part.

Ce que nous fîmes bien entendu.

Il y perdit une cinquantaine de francs car ce soir-là nous vidâmes force bouteilles pour fêter dignement la joie d'être ensemble.

Si quelquefois une circonstance imprévue vous obligeait, à lui demander de vouloir bien vous servir un peu plus vivement, l'abruti vous répondait :

— Ah! vous êtes pressé? eh! bien, moi je ne le suis pas. Et il ne vous servait pas plus vite, peut-être même un peu plus lentement.

Je dois ajouter pour l'honneur de ses clients, qui en somme ne sont pas ses très humbles serviteurs, qu'aujourd'hui presque tous l'ont quitté et se sont dirigés vers des rivages plus hospitaliers et ils s'en trouvent fort bien.

Nous ne voulons certainement pas prétendre

que tous les maîtres-d'hôtels sont de ce calibre-là.

Non.

Il en existe trois catégories bien distinctes :

1º Ceux qui sont réellement serviables et qui font leur possible pour donner aux voyageurs le confortable qu'ils sont en droit d'exiger.

2º Ceux desquels on ne peut ni se louer, ni trop se plaindre.

3º Et enfin les grincheux et mauvais caractères qui, s'ils vous offrent quelquefois une hospitalité confortable, sont sous tous les autres rapports parfaitement insupportables.

Je considère le type que j'ai décrit plus haut comme devant être d'espèce fort rare aussi je ne le classe dans aucune de mes catégories.

Oui, il est certainement des maîtres-d'hôtels avec lesquels nous n'avons eu, que d'excellents rapports et cela non seulement avec nous mais avec tout les voyageurs qui fréquentent leur maison. Aussi une prospérité bien méritée a-t-elle été la récompense de ces braves et honnêtes gens. Et il ne peut guère en être autrement. La solidarité qui nous unit, entre voyageurs, sait parfaitement nous faire dire où l'on est bien et où l'on est mal. Nous ne sommes pas assez sots pour nous laisser tondre sans réclamer et sans rien dire; aussi messieurs les maîtres d'hôtels peuvent se le tenir pour certain, c'est que toujours et partout nous saurons mettre à l'index les établissements qui ne nous donneront pas ce que nous sommes en droit d'exiger (nous payons ce me semble) d'exiger, dis-je, sous le rapport du confortable, de la politesse et de la serviabilité.

Nous voulons et c'est notre droit, " Bon souper, bon gîte et le reste». Nous entendons par reste: politesse, affabilité et pas autre chose.

Amen.

Et à côté de ces maîtres-d'hôtel réellement dignes de l'être, nous trouvons notre type n° 3 en quantité innombrable.

Ses qualités ? il n'en a aucune.

Ses défauts ? aussi nombreux que les étoiles du firmament.

Paresseux à l'excès, il ne sait que gourmander et ennuyer les gens sans faire jamais par lui-même quoi que ce soit d'utile.

Glouton plutôt que gourmand, les porcs que nos braves paysans gavent pour les bien engraisser ne sont que de petits saints à côté de lui. Aussi, voyez-le, tant sa digestion est laborieuse, se reposer béatement devant sa porte, son cure-dent d'une main, le regard vague, hébété, courant de l'un à l'autre sans conscience : un vrai constrictor après avoir avalé un buffle.

Et que personne ne le dérange à ce moment capital pour lui, il n'écouterait pas, ou répondrait quelques demi-injures, rien d'agréable enfin, s'il faisait la grâce de répondre.

Que ne garde-t-il toujours un mutisme absolu, je le lui conseillerais fort ; mais à certains moments il se permet d'être bavard ; malheur à la victime qu'il aura choisie pour débiter ses discours ; elle devra, la malheureuse, s'armer de patience et avaler du commencement à la fin un exploit quelconque de la vie du maître-d'hôtel.

Nous ne taririons pas sur ce sujet, mais passons, et terminons en affirmant hautement les droits des voyageurs de commerce vis-à-vis des maîtres-d'hôtels. Ils doivent exiger d'eux politesse, bon gîte, tout le confortable enfin qu'ils payent bien.

En somme ce ne sont que des parasites, ces hôteliers que nous engraissons à ne rien faire, avec le fruit de notre travail et de nos labeurs. Faisons tout ce qui est en notre pouvoir pour aider à la prospérité des bons et faisons une guerre impitoyable aux mauvais.

UNE JUSTE REVENDICATION

LE VOTE PAR CORRESPONDANCE

Il est à croire que le suffrage universel établi pour tous n'a cependant pas été établi pour les voyageurs de commerce. Combien de fois n'arrive t-il pas que, nous trouvant loin de notre logis, poussés par les hasards du voyage, on ait à voter pour un député, pour un conseiller général ou pour toute autre cause. Ce qui fait que presque jamais nous ne pouvons profiter de notre droit d'électeur dont nous serions cependant si heureux de jouir.

Si donc, notre nomade vie nous empêche de nous trouver au jour dit où nous avons notre domicile, pourquoi ne pourrait-on permettre le vote par correspondance?

Rien ne serait plus juste ni plus facile.

Il existe d'excellents moyens très pratiques, pourquoi ne pas les mettre en usage?

Il y a là un droit dont nous sommes injustement lésés et que nous devons réclamer énergiquement. Comment! tous les honorables habitants stables dans leur localité jouissent de leurs droits de citoyens et nous, nous ne le pouvons pas?

Espérons que certains d'entre nous feront part de nos légitimes vœux à nos représentants au Corps législatif et que notre demande sera prise en considération.

Je dis et je répète qu'il n'est pas juste de priver 120.000 citoyens, qui sont presque tous dévoués à la République, de leurs droits les plus chers.

Réclamons donc tous le vote par correspondance.

OBJETS UTILES EN VOYAGE

La liste de tous les objets utiles et nécessaisre en voyage serait beaucoup trop longue à énumérer.

Nous ne l'entreprendrons pas, mais nous ne voulons pas passer sous silence, un objet de première utilité et dont tout voyageur a besoin plus que tout autre personne.

Le vie décousue, changeante, instable et nomade du voyageur l'assujettit à bien des petits inconvénients. Je recommanderai (et je m'adresse aux jeunes) d'être toujours munis d'un petit instrument de verre surmonté d'une boule en caoutchouc et de s'en servir chaque fois qu'un contact suspect a eu lieu. Je vous recommanderai mes jeunes amis, aussitôt votre *commission prise*, de vous servir sans tarder du petit instrument en question. Vous vous éviterez de cette façon bien des inconvénients.

Voilà le remède préservatif qui m'a toujours bien réussi et qui m'a conservé une santé florissante dont je suis fier.

Une injection du liquide suivant, après un contact suspect est un préservatif certain.

Recette :

Pour injections dans les organes génitaux, le lavage des ulcères.

Dans un litre d'eau jetez :

  Sulfate de zinc. 5 grammes.
  Sel de cuisine. . 15 grammes.
  Goudron.. : ... 60 centigrammes.
  Aloès.. : ..... 60 centigrammes.

Vous ajouterez à ce liquide la quantité nécessaire d'alcool camphré : une cuillerée à bouche par litre environ.

Au bout de cinq minutes, passez à travers un linge, bouchez et étiquetez.

(N. B.) — Si vous n'avez pas de balance sous la main, vous estimerez les poids ci-dessus de la manière suivante. Sulfate, une grosse pincée à cinq doigts ; sel, une petite poignée ; goudron et aloès gros comme un haricot pour chacun.

On peut ajouter l'alcool camphré au fur et à mesure des besoins, c'est même préférable.

NOTRE MOT DE LA FIN

Beaucoup d'autres questions mériteraient d'être traitées et avec beaucoup de developpements.

Le cadre restreint de notre volume ne nous le permettant pas, nous nous sommes borné à traiter les principales.

Nous avons fait notre possible pour obtenir un résultat utile, espérons que nous y sommes arrivé.

Après ces diverses études sur les voyageurs de commerce, mes lecteurs trouveront ci-après un recueil des lois régissant le commerce et qui sont, je le crois, d'une utilité incontestable.

Des extraits de jugements, créant des précédents judiciaires, y sont aussi mentionnés pour ce qui concerne les voyageurs.

Un vœu pour terminer.

Que notre belle corporation des voyageurs de commerce marche toujours dans la voie de la solidarité comme elle l'a fait jusqu'à ce jour.

En unissant nos efforts, nous finirons par obtenir bien des droits, que l'on nous refuse en ce moment : question des chemins de fer, droit de vote par correspondance et bien d'autres qui ne seront que de tardives et légitimes réparations lorsqu'on nous les accordera.

Mais malgré cela, malgré les injustices dont nous croyons être victimes, nous n'aurons toujours qu'un seul but : l'accomplissement du devoir sous quelque forme qu'il se présente.

Amis lecteurs et chers collègues,

Que la dure vie des voyages vous soit aussi douce que possible et vous mène à l'honnête aisance à laquelle nous aspirons tous.

Ce sera la juste récompense de vos louables efforts.

TROISIÈME PARTIE

LÉGISLATION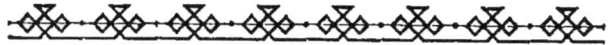

Les maisons de commerce rémunèrent actuellement les commis-voyageurs de plusieurs façons : quelquefois ils reçoivent une somme fixe soit par jour, soit par mois ou par année ; plus souvent, outre la somme fixe, le préposant promet une remise proportionnelle sur les opérations effectuées par le commis ; d'autrefois c'est seulement cette remise ou commission qui est allouée, avec ou sans indemnité pour frais de voyage et de correspondance. Enfin il peut se faire que pour tenir lieu d'appointements fixes, ou comme supplément, le patron promette à son préposé, une part dans les bénéfices annuels de l'établissement, c'est ce que l'on appelle un *commis intéressé*.

(*) Ne voulant pas rendre notre ouvrage trop volumineux nous avons traité ces questions très succintement. Ceux de nos lecteurs qui voudraient avoir de plus amples renseignements consulteront l'excellent ouvrage de M. Rivière : « Du commis-voyageur et de son préposant » Marescq. éditeur.

Ce dernier doit-il être considéré comme associé ? En a-t-il les droits et les devoirs ?

Les auteurs et la jurisprudence résolvent généralement la question négativement ; car, comme le dit M. Pardessus, le commis intéressé n'est que locateur de services sous condition aléatoire ; il n'est point indépendant dans l'accomplissement de son travail ; il est soumis à la volonté du patron qui l'emploie ; enfin il n'a aucune propriété dans le fonds social. Mais la question n'est pas toujours facile à trancher et quelquefois certains tribunaux ont décidé dans des cas spéciaux que le commis intéressé était un véritable associé parce que la raison sociale était X*** et Compagnie.

Le commis intéressé, bien que n'étant pas associé a cependant le droit de demander la production des comptes, pièces, registres élémentaires de la maison qui l'emploie. (Paris, 7 mars 1835. Dev., 35,2 235 ; Lyon, 21 février 1844 ; Dev., 45,2, 422.)

Les commis-voyageurs ne sont ni commerçants, ni assujettis à la patente (art. 13 l. 25 avril 1844.) Mais cette exemption n'a lieu qu'autant qu'ils se renferment dans l'exercice de leur profession ; il n'en serait pas de même s'ils se livraient pour leur propre compte à des opérations commerciales.

Serait aussi assujetti à la patente celui qui ne recevant que des remises proportionnelles voyagerait simultanément pour plusieurs maisons de commerce.

Le bénéfice de l'exemption existerait en faveur de celui qui, recevant ce mode de paiement, ne serait au service que d'une seule maison.

Enfin, le commis-voyageur ne doit pas être considéré comme associé, passible de la patente à ce dernier titre, par cela seul qu'il a un intérêt dans les bénéfices d'une maison de commerce. (Cons. d'Etat, 5 mars 1852 ; D., P., 1852, 5,400.)

Autrefois, les commis-voyageurs des nations étrangères n'étaient point assujettis à la patente ; mais dans plusieurs pays voisins, les voyageurs des maisons françaises y étaient soumis. C'est donc avec juste raison que l'art. 19 de la loi du 25 avril 1844, dit que « les commis-voyageurs des nations étrangères seront traités, relativement à la patente, sur le même pied que les voyageurs français chez les mêmes nations ».

Le tableau suivant donne en francs le monant de cette patente ;

NATIONS	DROIT A EXIGER DE LEURS COMMIS-VOYAGEURS.
Bade	20 fr.
Belgique	60
Brunswick	40
Danemarck	200
Hanovre	80
Hesse-Grand-Ducale	30
Hesse-Electorale	30
Hollande	20
Mecklembourg	80
Nassau	25
Prusse	45
Saxe	45
Suède	100
Suisse — Canton de Genève	15
Suisse — Zug	15
Suisse — Zurich	15
Suisse — Unterwalden-le-Bas	9

Il est bien entendu que la nationalité du voyageur n'est nullement considérée, mais seulement celle de la maison, qu'il représente, des produits qu'il écoule.

La patente est due pour toute l'année entière, et payable en une seule fois, au moment de la délivrance de la formule.

Il est très important dans certains cas, et notamment dans les difficultés qui peuvent s'élever pour le paiement des salaires, de savoir si le commis-voyageur doit être rangé dans la catégorie des domestiques ou gens de service à gages.

Sans développer les longues discussions qui ont eu lieu à ce sujet, ni citer des jugements pour et contre, nous dirons comme M. H. Rivière « que le commis-voyageur ne doit pas être compris au nombre des domestiques, ou gens de service à gages. Sa position plus indépendante, la mission qui lui est confiée, la profession qu'il exerce, ne permettent pas de l'assimiler à ces personnes, sans donner aux mots une acceptation qu'ils n'ont plus dans le langage usuel et légal. Il ne doit pas être non plus rangé parmi les personnes que la loi appelle gens de travail».

On voit donc que l'art. 1781 du code Napoléon, d'après lequel le maître est cru sur son affirmation pour le paiement des gens à gages, ne peut être appliqué s'il s'élevait des difficultés relatives aux salaires des commis-voyageurs. Les tribunaux de commerce peuvent dans ce cas se servir des livres du patron et préciser ce que celui-ci doit à son préposé, d'après leurs conventions et les usages locaux.

Ainsi un commis, remercié par son patron, a droit à une indemnité que les dits usages rendent très variable.

Tout commis-voyageur qui se trouve momentanément dans l'impossibilité de travailler, a droit au paiement intégral de ses appointements à moins qu'il y ait faute de sa part, par exemple s'il était malade à la suite d'une débauche ou d'une rixe.

En cas de faillite l'art. 549 code de Com- s'exprime ainsi : « Les salaires dus aux commis pour les six mois qui auront précédé la déclaration de faillite seront admis au même rang que le privilége établi par l'art. 2101 du code civil pour le salaire des gens de service.

Toutefois ce privilége ne peut être invoqué que pour les appointements fixes, et non pour les remises proportionnelles allouées sur le montant des ventes. (Trib. de com de la Seine, 27 janvier 1857.)

Le même tribunal a aussi décidé que le privilége devait être refusé au voyageur qui n'était rémunéré qu'au moyen d'une indemnité par chaque jour de route et un intérêt sur les affaires par lui faites (1er mai 1857.)

Il n'y a pas non plus privilége pour les avances que le voyageur pourrait avoir faites au patron.

« Le mandant doit indemniser le mandataire des pertes que celui-ci a essuyées à l'occasion de sa gestion, sans imprudence qui lui soit imputable ». (Art. 2000 code Nap.)

Contrairement à l'opinion de quelques auteurs nous pensons que les appointements du commis-voyageur ne sont prescriptibles, comme ceux des autres commis, que par le laps de cinq ans, conformément à l'art. 2277 du code Nap.

Si le commis-voyageur était convenu avec son patron de lui laisser chaque année ses appointements, pour être capitalisés, cette convention soustrairait à la prescription de cinq ans soit les appointements, soit les intérêts capitalisés.

Pour les remises ou commissions, la prescription de trente ans est seule applicable (art. 2262 code Nap.) Il en est de même pour les avances et pour l'action ou indemnité qu'un commis forme contre son patron.

Le commis doit tout son temps et ses soins à son patron ; il peut être condamné à payer une indemnité à celui-ci dans le cas où il placerait des marchandises pour son propre compte, à moins d'entente préalable.

Serait également passible d'indemnité, le

voyageur ou le patron qui voudrait résilier la convention qui détermine le temps pendant lequel celui-là sera au service de celui-ci (art. 1134 code Nap.)

Mais nous déclarons à ce sujet que nous trouvons bien sévères certains jugements rendus contre des voyageurs à la commission.

L'une de ces victimes est M. Dupa, condamné à 1000 fr. de dommages-intérêts par le tribunal de Reims (avril 1887.)

La cour de Bordeaux (7 août 1835) a jugé le même cas en faveur du voyageur.

Si le patron cède son établissement, avant l'expiration du temps assigné, le commis-voyageur a le droit de demander la résolution du traité, avec dommages-intérêts, même dans le cas où le successeur se serait obligé à en exécuter les conditions (Lyon, 8 janvier 1848.)

Néanmoins, si le commis manquait à ses engagements, il pourrait être remercié immédiatement, et sans dommages-intérêts : (Bordeaux 12 mars 1842.) Il en serait de même à l'égard du patron.

Quand les fonctions du commis-voyageur cessent il est tenu de rendre au préposant les titres, pièces ou documents qui lui avaient été confiées pour sa mission. Il doit même rendre les lettres que lui a écrites la maison (Bordeaux 12 mars 1842) sauf à lui d'en faire constater la remise, pour qu'elles soient présentées quand il sera utile pour conserver tous les droits du voyageur (Bordeaux 23 août 1841.)

Après ces quelques pages, qui intéressent spécialement le commis-voyageur, nous croyons utile de donner le Code de commerce complet, sauf le livre deuxième, qui n'intéresse que le commerce maritime.

CODE DE COMMERCE

LIVRE PREMIER
Du commerce en général

(Tit. I. — VII. Loi décrétée le 10 septembre 1807, promulguée le 20. — Tit. VIII. Loi décrétée le 11, promulguée le 21.)

TITRE Ier
DES COMMERÇANTS

Art. Ier Sont commerçants ceux qui exerce nt l actes de commerce, et en font leur profession habituelle. [Com. 2, 85, 622, 638.]

2. Tout mineur émancipé de l'un et de l'autre sexe, âgé de de dix-huit ans accomplis, qui voudra profiter de la faculté que lui accorde l'article 487 du Code Napoléon, de faire le commerce, ne pourra en commencer les opérations, ni être réputé majeur, quant aux engagements par lui contractés pour faits de commerce, — 1° s'il n'a été préalablement autorisé par son père, ou par sa mère, en cas de décès, interdiction ou absence du père, ou, à défaut du père et de la mère, par une délibération du conseil de famille, homologuée par le tribunal civil ; — 2° si, en outre, l'acte d'autorisation n'a été enregistré et affiché au tribunal de commerce du lieu où le mineur veut établir son domicile. [Com. 6, 63, 114 ; N. 478, 487, 1125, 1308.]

3. La disposition de l'article précédent est applicable aux mineurs même non commerçants, à l'égard de tous les faits qui sont déclarés faits de commerce, par les dispositions des articles 532 et 633. [Com. 114.]

4. La femme ne peut être marchande publique sans le consentement de son mari. [Com. 5, 7, 67, 114 ; N. 215, 217, 220, 1125.]

5. La femme, si elle est marchande publique, peut, sans l'autorisation de son mari, s'obliger pour ce qui concerne son négoce ; et, audit cas, elle oblige aussi son mari, s'il y a communauté entre eux. — Elle n'est pas réputée marchande publique, si elle ne fait que détailler les marchandises du commerce de son mari; elle n'est réputée telle que lorsqu'elle fait un commerce séparé. [Com. 7, 65, 67 ; N. 217, 220, 1426, 2066.]

6. Les mineurs marchands, autorisés comme il est dit ci-dessus, peuvent engager et hypothéquer leurs immeubles. — Ils peuvent même les aliéner, mais en suivant les formalités prescrites par les articles 457 et suivants du Code Napoléon. [Com. 2, 114 ; N. 457, 466, 484, 487, 1125, 1308, 2084, 2126.]

7. Les femmes marchandes publiques peuvent également engager, hypothéquer et aliéner leurs immeubles. — Toutefois, leurs biens stipulés dotaux, quand elles sont mariées sous le régime dotal, ne peuvent être hypothéqués ni aliénés que dans les cas déterminés et avec les formes réglées par le Code Napoléon. [Com. 4, 67, 561 ; N. 223, 225, 1426, 1538, 2073, 2124.]

TITRE II

DES LIVRES DE COMMERCE (1)

8. Tout commerçant est tenu d'avoir un livre-journal qui *présente*, jour par jour, ses dettes actives et passives les opérations de son commerce, ses négociations, acceptations ou endossements d'effets, et généralement tout ce qu'il reçoit et paie à quelque titre que ce soit ; et qui *énonce*, mois par mois, les sommes employées à la dépense de sa maison : le tout indépendamment des autres livres usités dans le commerce, mais qui ne sont pas indispensables. — Il est tenu de mettre en liasse les lettres missives qu'il reçoit, et de copier sur un registre celles qu'il envoie. [Com. 10, 84, 96, 586.]

9. Il est tenu de faire, tous les ans, sous seing privé un inventaire de ses effets mobiliers et immobiliers, et de ses dettes actives ou passives, et de le copier, année par année, sur un registre spécial à ce destiné. [Com. 14, 586, 591.]

10. Le livre-journal et le livre des inventaires seront parafés et visés une fois par année. — Le livre de copie de lettres ne sera pas soumis à cette formalité. — Tous seront tenus par ordre de dates, sans blancs, lacunes ni transports en marge.

11. Les livres dont la tenue est ordonnée par les articles 8 et 9 ci-dessus seront cotés, parafés et visés soit par un des juges des tribunaux de commerce, soit

---

(1) La loi du 20 juillet 1837, portant fixation du budget des recettes de l'exercice 1838, a affranchi les livres de commerce du timbre à partir du 1er janv. 1838. Depuis cette époque, il est ajouté trois centimes additionnels au principal de la contribution des patentes, pour tenir lieu du droit de timbre.

par le maire ou un adjoint, dans la forme ordinaire et sans frais. Les commerçants seront tenus de conserver ces livres pendant dix ans. [Com. 10, 84.]

12. Les livres de commerce, régulièrement tenus, peuvent être admis devant le juge pour faire preuve entre commerçants pour faits de commerce. [Com. 14, 17, 109 ; N. 1329.]

13. Les livres que les individus faisant le commerce seront obligés de tenir, et pour lesquels ils n'auront pas observé les formalités ci-dessus prescrites, ne pourront être représentés ni faire foi en justice, au profit de ceux qui les auront tenus ; sans préjudice de ce qui sera réglé au livre des *Faillites et Banqueroutes*. [Com. 17, 584, 591 ; N. 1329, 1331.]

14. La communication des livres et inventaires ne peut être ordonnée en justice, que dans les affaires de succession, communauté, partage de société, et en cas de faillite. [Com. 471, 475 ; N. 815, 1476, 1686.]

15. Dans le cours d'une contestation, la représentation des livres peut être ordonnée par le juge, même d'office, à l'effet d'en extraire ce qui concerne le différend. [Com. 12, 17.]

16. En cas que les livres dont la représentation est offerte, requise ou ordonnée, soient dans des lieux éloignés du tribunal saisi de l'affaire, les juges peuvent adresser une commission rogatoire au tribunal de commerce du lieu, ou déléguer un juge de paix pour en prendre connaissance, dresser un procès-verbal du contenu, et l'envoyer au tribunal saisi de l'affaire. [Com. 629, Pr. 1035.]

17. Si la partie aux livres de laquelle on offre d'ajouter foi refuse de les représenter, le juge peut déférer le serment à l'autre partie. [Com. 12 ; N. 1366, Pr. 120.]

TITRE III

DES SOCIÉTÉS

SECT. I. — *Des diverses sociétés et de leurs règles*

18. Le contrat de société se règle par le droit civil, par les lois particulières au commerce, et par les conventions des parties. [Com. 23, 51, 63 ; N. 1832, 1873.]

19. La loi reconnaît trois espèces de sociétés commerciales : — la société en nom collectif, — la société en commandite, — la société anonyme. [Com. 20 39, 47.]

20. La *société en nom collectif* est celle que contractent deux personnes ou un plus grand nombre, et qui a pour objet de faire le commerce sous une raison sociale. [Com. 39, 41.]

21. Les noms des associés peuvent seuls faire partie de la raison sociale. [Com. 23, 25 ; N. 1868.]

22. Les associés en nom collectif, indiqués dans l'acte de société, sont solidaires pour tous les engagements de la société encore qu'un seul des associés ait signé, pourvu que ce soit sous la raison sociale. [Com. 26 ; N. 1862.]

23. La *société en commandite* se contracte entre un ou plusieurs associés responsables ou solidaires et un ou plusieurs associés simples bailleurs de fonds, que l'on nomme *commanditaires* ou *associés en commandite*. — Elle est régie sous un nom social, qui doit être nécessairement celui d'un ou plusieurs associés responsables et solidaires. [Com. 26, 38, 41.]

24. Lorsqu'il y a plusieurs des associés solidaires et en nom, soit que tous gèrent ensemble, soit qu'un ou plusieurs gèrent pour tous, la société est, à la fois, société en nom collectif à leur égard, et société en commandite à l'égard des simples bailleurs de fonds.

25. Le nom d'un associé commanditaire ne peut faire partie de la raison sociale. [Com. 21, 23.]

26. L'associé commanditaire n'est passible des pertes que jusqu'à concurrence des fonds qu'il a mis ou dû mettre dans la société [Com. 22, 27, 33, N. 1862.]

27. L'associé commanditaire ne peut faire aucun acte de gestion, ni être employé pour les affaires de la société, même en vertu de procuration.

28. En cas de contravention à la prohibition mentionnée dans l'article précédent, l'associé commanditaire est obligé solidairement, avec les associés en nom collectif, pour toutes les dettes et engagements de la société.

29. La *société anonyme* n'existe point sous un nom social : elle n'est désignée par le nom d'aucun des associés. [Com. 37, 40, 45.]

30. Elle est qualifiée par la désignation de l'objet de son entreprise.

31. Elle est administrée par des mandataires à temps, révocables, associés ou non associés, salariés ou gratuits.

32. Les adminirtrateurs ne sont responsables que de l'exécution du mandat qu'ils ont reçu. — Ils ne contractent, à raison de leur gestion, aucune obligation personnelle ni solidaire relativement aux engagements de la société.

33. Les associés ne sont passibles que de la perte du montant de leur intérêt dans la société.

34 Le capital de la société anonyme se divise en

actions et même en coupons d'action d'une valeur égale.

35. L'action peut être établie sous la forme d'un titre au porteur. — Dans ce cas, la cession s'opère par la tradition du titre.

36. La propriété des actions peut être établie par une inscription sur les registres de la société.— Dans ce cas, la cession s'opère par une déclaration de transfert inscrite sur les registres, et signée de celui qui fait le transport ou d'un fondé de pouvoir.

37. La société anonyme ne peut exister qu'avec l'autorisation de l'Empereur, et avec son approbation pour l'acte qui la constitue ; cette approbation doit être donnée dans la forme prescrite pour les règlements d'administration publique. [Com. 29, 40, 45.]

38. Le capital des sociétés en commandite pourra aussi être divisé en actions, sans aucune autre dérogation aux règles établies pour ce genre de société. [Com. 23, 34.]

39. Les sociétés en nom collectif ou en commandite doivent être constatées par des actes publics ou sous signatures privées, en se conformant, dans ce dernier cas, à l'article 1325 du Code Napoléon. [Com. 20, 23, 41, 49; N. 1325, 1341, 1347. 1834.]

40. Les sociétés anonymes ne peuvent être formées que par des actes publics. [Com. 29, 37, 45.]

41. Aucune preuve par témoins ne peut être admise contre et outre le contenu dans les actes de société, ni sur ce qui serait allégué avoir été dit avant l'acte, lors de l'acte ou depuis, encore qu'il s'agisse d'une somme au-dessous de cent cinquante fr. [Com. 39 ; N. 1341, 1834.]

42. L'extrait des actes de sociétés en nom collectif et en commandite doit être remis, dans la quinzaine de leur date, au greffe du tribunal de commerce de l'arrondissement dans lequel est établie la maison du commerce social, pour être transcrit sur le registre, et affiché pendant trois mois dans la salle des audiences. — Si la société a plusieurs maisons de commerce situées dans divers arrondissements, la remise, la transcription et l'affiche de cet extrait, seront faites au tribunal de commerce de chaque arrondissement. — Chaque année, dans la première quinzaine de janvier, les tribunaux de commerce désigneront, au chef-lieu de leur ressort, et, à défaut, dans la ville la plus voisine, un ou plusieurs journaux où devront être insérés, dans la quinzaine de leur date, les extraits d'actes de société en nom collectif ou en commandite, et régleront le tarif de l'impression de ces extraits. Il sera justifié de cette insertion par un exemplaire du journal, certifié par l'imprimeur, légalisé par le maire et enregistré dans les trois mois de sa date. — Ces formalités seront observées, à peine de nullité à l'égard des intéressés ; mais le défaut d'aucune d'elles ne pourra être opposé à des tiers par les associés. [Com. 20, 23, 39, 45, 64.]

43. L'extrait doit contenir — les nom, prénoms, qualités et demeures des associés autres que les actionnaires ou commanditaires, — la raison de commerce de la société, la désignation de ceux des associés autorisés à gérer, admininistrer et siguer pour la société, — le montant des valeurs fournies ou à fournir par actions ou en commandite, — l'époque où la société doit commencer, et celle où elle doit finir. [Com. 39, 41, 44, 46 ; N. 1865.]

44. L'extrait des actes de société est signé, pour les actes publics, par les notaires, et pour les actes sous seing privé, par tous les associés, si la société est en nom collectif, et par les associés solidaires ou gérants, si la société est en commandite, soit qu'elle se divise ou ne se divise pas en actions.

45. Le décret de l'Empereur qui autorise les sociétés anonymes devra être affiché avec l'acte d'association et pendant le même temps. [Com. 37, 42.]

46. Toute continuation de société, après son terme expiré, sera constatée par une déclaration des coassociés. — Cette déclaration, et tous actes portant dissolution de société avant le terme fixé pour sa durée par l'acte qui l'établit, tout changement ou retraite d'associés, toutes nouvelles stipulations ou clauses, tout changement à la raison de société, sont soumis aux formalités prescrites par les art. 42, 43 et 44. — En cas d'omission de ces formalités, il y aura lieu à l'application des dispositions pénales de l'art. 42, dernier alinéa.

47. Indépendamment des trois espèces de sociétés ci-dessus, la loi reconnaît les *associations commerciales en participation*. [Com. 19.]

48. Ces associations sont relatives à une ou plusieurs *opérations de commerce* ; elles ont lieu pour les objets, dans les formes, avec les proportions d'intérêt et aux conditions convenues entre les participants.

49. Les associations en participation peuvent être constatées par la représentation des livres, de la correspondance, ou par la preuve testimoniale, si le tribunal juge qu'elle peut être admise. [Com. 12, 109 ; N. 1341.]

50. Les associations commerciales en participation ne sont pas sujettes aux formalités prescrites pour les autres sociétés. [Com. 39, 42, 46.]

SECT. II. — *Des contestations entre associés, et de la manière de les décider*

51. Toute contestation, entre associés, et pour raison de la société, sera jugée par des arbîtres. [Com. 62 ; Pr. 429, 1005.]

52. Il y aura lieu à l'appel du jugement arbitral ou au pourvoi en cassation, si la renonciation n'a pas été stipulée. — L'appel sera porté devant la Cour Impériale. [Com. 63 ; Pr. 443, 1010, 1023]

53. La nomination des arbitres se fait — par un acte sous signature privée, — par acte notarié, — par acte extrajudiciaire, — par un consentement donné en justice. [Com. 55 ; Pr. 1005.]

54. Le délai pour le jugement est fixé par les parties, lors de la nomination des arbitres ; et, s'ils ne sont pas d'accord sur le délai, il sera réglé par les juges. [Pr. 1007, 1012.

55. En cas de refus de l'un ou de plusieurs des associés de nommer des arbitres, les arbitres seront nommés d'office par le tribunal de commerce. [Pr.1012.]

56. Les parties remettent leurs pièces et mémoires aux arbîtres, sans aucune formalité de justice. [Com. 59 ; Pr. 1016.]

57. L'associé en retard de remettre les pièces et mémoires est sommé de le faire dans les dix jours. [Com. 58 ; Pr. 1009.]

58. — Les arbitres peuvent, suivant l'exigence des cas, proroger le délai pour la production des pièces. [Pr. 1009.]

59. S'il n'y a renouvellement de délai, ou si le nouveau délai est expiré, les arbiires jugent sur les seules pièces et mémoires remis. [Pr. 1012.]

60 En cas de partage, les arbitres nomment un sur-arbitre, s'il n'est nommé par le compromis ; si les arbitres sont discordants sur le choix, le sur-arbitre est nommé par le tribunal de commerce. [Com. 55 ; Pr. 1012, 1017.]

61. Le jugement arbitral est motivé. — Il est déposé au greffe du tribunal de commerce. — Il est rendu exécutoire sans aucune modification, et transcrit sur les registres, en vertu d'une ordonnance du président du tribunal, lequel est tenu de la rendre pure et simple, et dans le délai de trois jours du dépôt au greffe. [Pr. 1019, 1020.]

62. Les dispositions ci-dessus sont communes aux veuves, héritiers ou ayants cause des associés. [Pr. 1012.]

63. Si des mineurs sont intéressées dans une contestation pour raison d'une société commerciale, le tuteur ne pourra renoncer à la faculté d'appeler du jugement arbitral. [Com. 52 ; Pr. 1010, 1023.]

64. Toutes actions contre les associés non liquidateurs et leurs veuves, héritiers ou ayants cause, sont prescrites cinq ans après la fin ou la dissolution de la société, si l'acte de société qui en énonce la durée, ou l'acte de dissolution a été affiché et enregistré conformément aux art. 42, 43, 44 et 46, et si, depuis cette formalité remplie, la prescription n'a été interrompue à leur égard par aucune poursuite judiciaire. [N. 2244.]

TITRE IV

DES SÉPARATIONS DE BIENS

65. Toute demande en séparation de biens sera poursuivie, instruite et jugée conformément à ce qui est prescrit au Code Napoléon, liv. III, tit. V, chap. II, sect. III, et au Code de procédure civile, 2e partie, liv. I, tit. VIII. [N. 1443 ; Pr. 865.]

66. Tout jugement qui prononcera une séparation de corps ou un divorce, entre mari et femme, dont l'un serait commerçant, sera soumis aux formalités prescrites par l'art. 872 du Code de procédure civile ; à défaut de quoi, les créanciers seront toujours admis à s'y opposer, pour ce qui touche leurs intérêts, et à contredire toute liquidation qui en aurait été la suite. [N. 1445 ; Pr. 871.]

67 Tout contrat de mariage entre époux dont l'un sera commerçant sera transmis par extrait, dans le mois de sa date, aux greffes et chambres désignés par l'article 872 du Code de procédure civile, pour être exposé au tableau, conformément au même article.

Cet extrait annoncera si les époux sont mariés en communauté, s'ils sont séparés de biens, ou s'ils ont contracté sous le régime dotal.

68. Le notaire qui aura reçu le contrat de mariage sera tenu de faire la remise ordonnée par l'article précédent sous peine de cent francs d'amende et même de destitution et de responsabilité envers les créanciers, s'il est prouvé que l'omission soit la suite d'une collusion.

69. « L'époux séparé de biens, ou marié selon le régime dotal, qui embrasserait la profession de commerçant postérieurement à son mariage, sera tenu de faire pareille remise dans le mois du jour où il aura ouvert son commerce ; à défaut de cette remise, il pourra être en cas de faillite, condamné comme banqueroutier simple » (Com. 4, 5, 7, 586.)

70. La même remise sera faite, sous les mêmes peines, dans l'année de la publication de la présente loi, par tout époux séparé de biens, ou marié sous le régime dotal, qui, au moment de ladite publication, exercerait la profession de commerçant. (Pr. 67.)

TITRE V

DES BOURSES DE COMMERCE, AGENTS DE CHANGE ET COURTIERS

SECT. I. — *Des bourses de commerce*

71. La bourse de commerce est la réunion qui a lieu, sous l'autorité de l'Empereur, des commerçants, capitaines de navire, agents de change et courtiers. (Com. 75, 613.)

72. Le résultat des négociations et des transactions qui s'opèrent dans la bourse, détermine le cours du change des marchandises, des assurances, du fret ou nolis, du prix des transports par terre ou par eau, des effets publics et autres dont le cours est susceptible d'être coté. (Com. 76 ; Pr. 419.)

73. Ces divers cours sont constatés par les agents de change et courtiers, dans la forme prescrite par les règlements de police généraux ou particuliers. (Com. 76.)

SECT. II. — *Des agents de change et courtiers*

74. La loi reconnaît, pour les actes de commerce, des agents intermédiaires : savoir, les agents de change et les courtiers. (Com. 76. 78, 81, 83.)

75. Il y en a dans toutes les villes qui ont une bourse de commerce. — Ils sont nommés par l'Empereur.

76. Les agents de change, constitués de la manière

prescrite par la loi, ont seuls le droit de faire les négociations des effets publics et autres susceptibles d'être cotés ; de faire pour le compte d'autrui les négociations des lettres de change ou billets, et de tous les papiers commerçables et d'en constater le cours. — Les agents de change pourront faire, concurrement avec les courtiers de marchandises, les négociations et le courtage des ventes ou achats des matières métalliques, ils ont seuls le droit d'en constater le cours. (Com. 78, 83, 87.)

77. Il y a des courtiers de marchandises. — Des courtiers d'assurances, — Des courtiers interprètes et conducteurs de navires, — Des courtiers de transports par terre et par eau. (Com. 73, 78, 81.)

78. Les courtiers de marchandises constitués de la manière prescrite par la loi, ont seuls le droit de faire le courtage des marchandises, d'en constater le cours ; ils exercent, concurrement avec les agents de change, le courtage des matières métalliques. (Com. 76, 81.)

79. Les courtiers d'assurances rédigent les contrats ou polices d'assurances, concurremment avec les notaires ; ils en attestent la vérité par leurs signatures, certifient le taux des primes pour tous les voyages de mer ou de rivière. (Com. 81, 332.)

80. Les courtiers interprètes et conducteurs de navires font le courtage des affrétements : ils ont, en outre, seuls le droit de traduire, en cas de contestations portées devant les tribunaux, les déclarations, chartes-parties, connaissements, contrats et tous actes de commerce dont la traduction serait nécessaire ; enfin, de constater le cours du fret et du nolis. — Dans les affaires contentieuses de commerce, et pour le service des douanes, ils serviront seuls de truchement à tous étrangers, maîtres de navire, marchands, équipages de vaisseau et autres personnes de mer. (Com. 81, 190, 273.)

81. Le même individu peut, si l'acte du Gouvernement qui l'institue l'y autorise, cumuler les fonctions d'agent de change, de courtier de marchandises ou d'assurances, et de courtier interprète et conducteur de navires. (Com. 77.)

82. Les courtiers de transport par terre et par eau, constitués selon la loi, ont seuls, dans les lieux où ils sont établis, le droit de faire le courtage des transports par terre et par eau : ils ne peuvent cumuler, dans aucun cas ou sous aucun prétexte, les fonctions de courtiers de marchandises, d'assurances, ou de courtiers conducteurs de navires, désignés aux articles 78, 79 et 80.

83. Ceux qui ont fait faillite ne peuvent être agents de change ni courtiers, s'ils n'ont été réhabilités. (Com. 64, 437, 604.)

84 Les agents de change et courtiers sont tenus d'avoir un livre revêtu des formes prescrites par l'article 11. — Ils sont tenus de consigner dans ce livre, jour par jour, et par ordre de dates, sans ratures, interlignes ni transpositions, et sans abréviations ni chiffres, toutes les conditions de ventes, achats, assurances, négociations, et en général de toutes les opérations faites par leur ministère.

85. Un agent de change ou courtier ne peut, dans aucun cas et sous aucun prétexte, faire des opérations de commerce ou de banque pour son compte. — Il ne peut s'intéresser directement ni indirectement, sous son nom, ou sous un nom interposé, dans aucune entreprise commerciale. — Il ne peut recevoir ni payer pour le compte de ses commettants. (Com. 87.)

86. Il ne peut se rendre garant de l'exécution des marchés dans lesquels il s'entremet. (Com. 87.)

87. Toute contravention aux dispositions énoncées dans les deux articles précédents entraîne la peine de destitution, et une condamnation d'amende, qui sera prononcée par le tribunal de police correctionnelle, et qui ne peut être au-dessus de trois mille francs, sans préjudice de l'action des parties en dommages et intérêts. (N. 1149, 1382, 2102 ; Pr. 128.)

88. Tout agent de change ou courtier destitué en vertu de l'article précédent ne peut être réintégré dans ses fonctions.

89. En cas de faillite, tout agent de change ou courtier est poursuivi comme banqueroutier. (Com. 437, 584, 591 ; Pr. 404.)

90. Il sera pourvu, par des règlements d'administration publique, à tout ce qui est relatif à la négociation et transmission de propriété des effets publics. (Com. 72 ; Pr. 139, 419.)

TITRE VI

DES COMMISSIONNAIRES

SECT. I. — *Des commissionnaires en général*

91. Le commissionnaire est celui qui agit en son propre nom, ou sous un nom social, pour le compte d'un commettant. (Com. 576 ; N. 1782, 1984.)

92. Les devoirs et les droits du commissionnaire qui agit au nom d'un commettant sont déterminés par le Code Napoléon, liv. III, tit. XIII. (N. 1984, 1992.)

93. Tout commissionnaire qui a fait des avances sur des marchandises à lui expédiées d'une autre place pour être vendues pour le compte d'un commettant a privilége, pour le remboursement de ses avances, intérêts et frais, sur la valeur des marchandises, si elles sont à sa disposition, dans ses magasins, ou dans un dépôt public, ou si, avant qu'elles soient arrivées, il peut constater par un connaissement ou par une lettre de voiture, l'expédition qui lui en a été faite. (Com. 94, 95, 576 ; N. 2102.)

94. Si les marchandises ont été vendues et livrées pour le compte du commettant, le commissionnaire se rembourse, sur le produit de la vente, du montant de ses avances, intérêts et frais, par préférence aux créanciers du commettant. (Com. 106,285.)

95. Tous prêts, avances ou paiements qui pourraient être faits sur des marchandises déposées ou consignées par un individu résidant dans le lieu du domicile du commissionnaire, ne donnent privilége au commissionnaire ou dépositaire qu'autant qu'il s'est conformé aux dispositions prescrites par le Code Napoléon, liv. III, tit. XVII, pour les prêts sur gages ou nantissement. (Com. 93, 94 , N. 2074, 2102.)

SECT. II. — *Des commissionnaires pour les transports par terre et par eau*

96. Le commissionnaire qui se charge d'un transport par terre ou par eau est tenu d'inscrire sur son livre-journal la déclaration de la nature et de la quantité des marchandises, et, s'il en est requis, de leur valeur. (Com. 8, 103, 107, 109 ; N. 1782 ; Pr. 386.)

97. Il est garant de l'arrivée des marchandises et effets dans le délai déterminé par la lettre de voiture, hors les cas de force majeure légalement constatée. (Com. 96, 97, 99, 101, 102, 104, 108 ; N. 1783 ; Pr. 386.)

98. Il est garant des avaries ou pertes de marchandises et effets, s'il n'y a stipulation contraire dans la lettre de voiture, ou force majeure. (Com. 97, 99, 100, 108 ; N. 1784.)

99. Il est garant des faits du commissionnaire intermédiaire auquel il adresse les marchandises. (Com. 97, 98, 101, 108 ; N. 1784, 1994).

100. La marchandise sortie du magasin du vendeur ou de l'expéditeur voyage, s'il n'y a convention contraire, aux risques et périls de celui à qui elle appartient, sauf son recours contre le commissionnaire et le voiturier chargé du transport. (Com. 97.)

101. La lettre de voiture forme un contrat entre l'expéditeur et le voiturier, ou entre l'expéditeur, le commissionnaire et le voiturier. (Com. 102, 105.)

102. La lettre de voiture doit être datée. — Elle doit exprimer — La nature et le poids ou la contenance des objets à transporter, — le délai dans lequel le transport doit être effectué. — Elle indique — le nom et le domicile du commissionnaire par l'entremise duquel le transport s'opère s'il y en a un, — le nom de celui à qui la marchandise est adressée, — le nom et le domicile du voiturier. — Elle énonce — le prix de la voiture, — l'indemnité due pour cause de retard. — Elle est signée par l'expéditeur ou le commissionnaire. — Elle présente en marge les marques et numéros des objets à transporter. — La lettre de voiture est copiée par le commissionnaire sur un registre coté et parafé, sans intervalle et de suite. (Com. 8 ; N. 1785.)

SECT. III. — *Du voiturier*

103. Le voiturier est garant de la perte des objets à transporter, hors le cas de la force majeure. — Il est garant des avaries autres que celles qui proviennent du vice propre de la chose ou de la force majeure. (Com. 98 ; N. 1782.)

104. Si, par l'effet de la force majeure, le transport n'est pas effectué dans le délai convenu, il n'y a pas lieu a indemnité contre le voiturier pour cause de retard. (Com. 97, 105.)

105 La réception des objets transportés et le paiement du prix de la voiture éteignent toute action contre le voiturier.

106. En cas de refus ou contestation pour la réception des objets transportés, leur était est vérifié et constaté par des experts nommés par le président du tribunal de commerce, ou, à son défaut, par le juge de paix, et par ordonnance au pied d'une requête. — Le dépôt ou séquestre, et ensuite le transport dans un dépôt public, peut en être ordonné. La vente peut en être ordonnée en faveur du voiturier jusqu'à concurrence du prix de la voiture. (Com. 93 ; N. 1961, 2102.)

107. Les dispositions contenues dans le présent titre sont communes aux maîtres de bateaux, entrepreneurs de diligences et de voitures publiques. (N. 1785.)

108. Toutes actions contre le commissionnaire et le voiturier, à raison de la perte ou de l'avarie des marchandises, sont prescrites, après six mois, pour les expéditions faites dans l'intérieur de la France, et après un an, pour celles faites à l'étranger ; le tout à compter, pour les cas de perte, du jour où le transport des marchandises aurait dû être effectué, et pour les cas d'avarie, du jour où la remise des marchandises aura été faite ; sans préjudice des cas de fraude ou d'infidélité. (Com. 97, 103).

TITRE VII

DES ACHATS ET VENTES

109. Les achats et ventes se constatent — par actes publics, — par actes sous signature privée, — par le bordereau ou arrêté d'un agent de change ou courtier, dûment signé par les parties, — par une facture acceptée, — par la correspondance, — par les livres de parties, — par la preuve testimoniale, dans le cas où le tribunal croira l'admettre. (Com 8, 49, 84 ; N. 1317, 1322, 1341.)

TITRE VIII

DE LA LETTRE DE CHANGE, DU BILLET A ORDRE ET DE LA PRESCRIPTION

SECT. I. — *De la lettre de change*

§ I. *De la forme de la lettre de change*

110. La lettre de change est tirée d'un lieu sur un autre. — Elle est datée. — Elle énonce — la somme à payer, — le nom de celui qui doit payer, — l'époque et le lieu où le paiement doit s'effectuer, — la valeur fournie en espèces, en marchandises, en compte, ou de toute autre manière. — Elle est à l'ordre d'un tiers, ou à l'ordre du tireur lui-même, — Si elle est par 1re, 2e, 3e, 4°. etc., elle l'exprime (Com. 112, 129, 137, 147, 189, 636.)

111. Une lettre de change peut être tirée sur un individu, et payable au domicile d'un tiers. — Elle peut être tirée par ordre et pour le compte d'un tiers. (Com. 115.)

112. Sont réputées simples promesses toutes lettres de change contenant supposition soit de nom, soit de qualité, soit de domicile, soit des lieux d'où elles sont tirées ou dans lesquels elles *sont* payables. (Com. 139, 636.)

113. La signature des femmes et des filles non négociantes ou marchandes publiques sur lettres de change ne vaut, à leur égard, que comme simple promesse.

114. Les lettres de change souscrites par des mineurs non négociants sont nulles à leur égard, sauf les droits respectifs des parties, conformément à l'article 1312 du Code Napoléon. (Com. 637.)

§ II. *De la provision*

115. La provision doit être faite par le tireur, ou par celui pour le compte de qui la lettre de change sera tirée, sans que le tireur pour compte d'autrui cesse d'être personnellement obligé envers les endosseurs et le porteur seulement. (Com. 111, 116.)

116. Il y a provision, si, à l'échéance de la lettre de change, celui sur qui elle est fournie est redevable au tireur, ou à celui pour compte de qui elle est tirée, d'une somme au moins égale au montant de la lettre de change. (Com. 111, 115, 117.)

117. L'acceptation suppose la provision. — Elle en établit la preuve à l'égard des endosseurs. — Soit qu'il y ait ou non acceptation, le tireur seul est tenu de prouver en cas de dénégation, que ceux sur qui la lettre était tirée avaient provision à l'échéance : sinon il est tenu de la garantir, quoique le protêt ait été fait après les délais fixés. (Com. 118, 170, 173.)

§ III. *De l'acceptation*

118. Le tireur et les endosseurs d'une lettre de change sont garants solidaires de l'acceptation et de paiement à l'échéance. (Com. 121, 128, 136, 140, 143, 444.)

119. Le refus d'acceptation est constaté par un acte que l'on nomme *protêt faute d'acceptation*. (Com. 126, 163, 173.)

120. Sur la notification du protêt faute d'acceptation, les endosseurs et le tireur sont respectivement tenus de donner caution pour assurer le paiement de la lettre de change à son échéance, ou d'en effectuer le remboursement avec les frais de protêt et de rechange. — La caution, soit du tireur, soit de l'endosseur, n'est solidaire qu'avec celui qu'elle a cautionné. (N. 2040 ; Pr, 517.)

121. Celui qui accepte une lettre de change contracte l'obligation d'en payer le montant. — L'accepteur n'est pas restituable contre son acceptation, quand même le tireur aurait failli à son insu avant qu'il eût accepté. (Com. 148 ; N. 1134.)

122. L'acceptation d'une lettre de change doit être signée. — L'acceptation est exprimée par le mot *accepté*. — Elle est datée, si la lettre est à un ou plusieurs jours ou mois de vue. — Et, dans ce dernier cas, le défaut de date de l'acceptation rend la lettre exigible au terme y exprimé, à compter de sa sa date. (Com. 129, 131.)

123. L'acceptation d'une lettre de change payable dans un autre lieu que celui de la résidence de l'accepteur, indique le domicile où le paiement doit être effectué ou les diligences faites. (Com. 143.)

124. L'acceptation ne peut être conditionnelle ;

mais elle peut être restreinte quant à la somme acceptée. — Dans ce cas le porteur est tenu de faire protester la lettre de change pour le surplus. (Com. 156, 173.)

125. Une lettre de change doit être acceptée à sa présentation, ou, au plus tard dans les vingt-quatre heures de la présentation. — Après les vingt-quatre heures, si elle n'est pas rendue, acceptée ou non acceptée, celui qui l'a retenue est passible de dommages-intérêts envers le porteur.

§ IV. *De l'acceptation par intervention*

126. Lors du protêt faute d'acceptation, la lettre de change peut être acceptée par un tiers intervenant pour le tireur ou pour l'un des endosseurs. — L'intervention est mentionnée dans l'acte du protêt ; elle est signée par l'intervenant. (Com. 156, 173.)

127. L'intervenant est tenu de notifier sans délai son intervention à celui pour qui il est intervenu.

128 Le porteur de la lettre de change conserve tous ses droits contre le tireur et les endosseurs, à raison du défaut d'acceptation par celui sur qui la lettre était tirée, nonobstant toutes acceptations par intervention. (Com. 118, 160.)

§ V. *De l'échéance*

129. Une lettre de change peut être tirée,
à vue,
à un ou plusieurs jours
à un ou plusieurs mois, } de vue,
à une ou plusieurs usances
à un ou plusieurs jours
à un ou plusieurs mois } de date,
à une ou plusieurs usances
à jour fixe ou à jour déterminé, en foire. (Com. 130, 133.)

130. La lettre de change à vue est payable à sa présentation. (Com. 129, 131, 160, s.)

131. L'échéance d'une lettre de change est fixée
à un ou plusieurs jours
à un ou plusieurs mois   de vue,
à une ou plusieurs usances
par la date de l'acceptation, ou par celle du protêt, faute d'acceptation. (Com. 118, 126, 174.)

132. L'usance est de 30 jours, qui courent du lendemain de la date de la lettre de change. — Les mois sont tels qu'ils sont fixés par le calendrier grégorien.

133. Une lettre de change payable en foire est échue la veille du jour fixé par la clôture de la foire, ou le jour de la foire si elle ne dure qu'un jour. (Com. 161, s.)

134. Si l'échéance d'une lettre de change est à un jour férié légal, elle est payable la veille. (Com. 161, s.)

135. Tous les délais de grâce, de faveur, d'usage ou d'habitude locale, pour le paiement des lettres de change, sont abrogés. (Com. 157.)

§ VI *De l'endossement.*

136. La propriété d'une lettre de change se transmet par la voie de l'endossement. (Com. 181, 313 ; N 1690.)

137. L'endossement est daté. — Il exprime la valeur fournie. — Il énonce le nom de celui à l'ordre de qui il est passé. (Com. 110.)

138. Si l'endossement n'est pas conforme aux dispositions de l'article précédent, il n'opère pas le transport ; il n'est qu'une procuration. (Com. 574.)

139. Il est défendu d'antidater les ordres, à peine de faux. (Pr. 147.)

§ vii. *De la solidarité.*

140. Tous ceux qui ont signé, accepté ou endossé une lettre de change, sont tenus à la garantie solidaire envers le porteur. (Com. 118, 187.)

§ viii. *De l'aval.*

141. Le paiement d'une lettre de change, indépendamment de l'acceptation et de l'endossement, peut être garanti par un aval. (Com. 118, 187 ; N. 1200.)

142. Cette garantie est fournie, par un tiers, sur la lettre même ou par acte séparé. — Le donneur d'aval est tenu solidairement et par les mêmes voies que les tireurs et endosseurs, sauf les conventions différentes des parties. (Com. 164, 171.)

§ ix. *Du paiement.*

143. Une lettre de change doit être payée dans la monnaie qu'elle indique. (N. 1235.)

144. Celui qui paie une lettre de change avant son échéance est responsable de la validité du paiement. (Com. 161).

145. Celui qui ne paie une lettre de change à son échéance et sans opposition est présumé valablement libéré. (Com. 161.)

146. Le porteur d'une lettre de change ne peut être contraint d'en recevoir le paiement avant l'échéance. (Com. 144 ; N. 1187.)

147. Le paiement d'une lettre de change fait sur une seconde, troisième, quatrième, etc., est valable, lorsque la seconde, troisième, quatrième, etc., porte que ce paiement annule l'effet des autres. (Com.110.)

148. Celui qui paie une lettre de change sur une seconde, troisième, quatrième, etc., sans retirer celle sur laquelle se trouve son acceptation, n'opère point sa libération à l'égard du tiers porteur de son acceptation. Com. 121, 151.)

149. Il n'est admis d'opposition au paiement qu'en cas de perte de la lettre de change, ou de la faillite du porteur. (Com. 145. 150, 137.)

150. En cas de perte d'une lettre de change *non acceptée*, celui à qui elle appartient peut en poursuivre le paiement sur une seconde, troisième, quatrième, etc. (Com. 148, 152, 154, 175.)

151. Si la lettre de change perdue est revêtue de l'acceptation, le paiement ne peut en être exigé sur une seconde, troisième, quatrième, etc., que par ordonnance du juge, et en donnant caution.(Com.155.)

152. Si celui qui a perdu la lettre de change qu'elle soit acceptée ou non, ne peut représenter la seconde, troisième, quatrième, etc., il peut demander le paiement de la lettre de change perdue, et l'obtenir par l'ordonnance du juge, en justifiant de sa propriété par ses livres, et en donnant caution.(Com.155.)

153. En cas de refus de paiement, sur la demande formée en vertu des deux articles précédents, le propriétaire de la lettre de change perdue conserve tous ses droits par un acte de protestation. Cet acte doit être fait le lendemain de la lettre de change perdue. — Il doit être notifié aux tireurs et endosseurs, dans les formes et délais prescrits ci-après pour la notification du protêt. (Com. 161, 165.)

154. Le propriétaire de la lettre de change égarée doit, pour s'en procurer la seconde, s'adresser à son endosseur immédiat, qui est tenu de lui prêter son nom et ses soins pour agir envers son propre endosseur ; et ainsi en remontant d'endosseur en endosseur jusqu'au tireur de la lettre. Le propriétaire de la lettre de change égarée supportera les frais.

155. L'engagement de la caution, mentionné dans les articles 151 et 152, est éteint après trois ans, si pendant ce temps, il n'y a eu ni demandes ni poursuites juridiques. (Com. 189.)

156. Les paiements faits à compte sur le montant d'une lettre de change sont à la décharge des tireurs et endosseurs. — Le porteur est tenu de faire protester la lettre de change pour le surplus. (Com. 163, 173.)

157. Les juges ne peuvent accorder aucun délai pour le paiement d'une lettre de change. (Com. 135; N. 1244.)

§ x. *Du paiement par intervention.*

158. Une lettre de change protestée peut-être payée par tout intervenant pour le tireur ou pour l'un des endosseurs L'intervention et le paiement seront constatés dans l'acte de protêt ou à la suite de l'acte. (Com. 126, 174.)

159. Celui qui paie une lettre de change par intervention est subrogé aux droits du porteur, et tenu des mêmes devoirs pour les formalités à remplir. — Si le paiement par intervention est fait pour le compte du tireur, tous les endosseurs sont libérés. — S'il est fait pour un endosseur, les endosseurs subséquents sont libérés. — S'il y a concurrence pour le paiement d'une lettre de change par intervention, celui qui opère le plus de libérations est préféré. — Si celui sur qui la lettre était originairement tirée, et sur qui a été fait le protêt faute d'acceptation, se présente pour la payer, il sera préféré à tous autres. (Com. 119, 160 ; N. 1236.)

§ XI. *Des droits et devoirs du porteur.*

160. Le porteur d'une lettre de change tirée du continent et des îles de l'Europe, et payable dans les possessions européennes de la France, soit à vue, soit à un ou plusieurs jours, mois ou usances de vue, doit en exiger le paiement ou l'acceptation dans les six mois de sa date, sous peine de perdre son recours sur les endosseurs, et même sur le tireur, si celui-ci a fait provision. — Le délai est de huit mois pour les lettres de change tirées des Echelles du Levant et des côtes septentrionales de l'Afrique sur les possessions européennes de la France ; et réciproquement, du continent et des îles de l'Europe sur les établissements français aux Echelles du Levant et aux côtes septentrionales de l'Afrique. — Le délai est d'un an an pour les lettres de change tirées des côtes occidentales de l'Afrique, jusques et compris le cap de Bonne-Espérance. — Il est aussi d'un an pour les lettres de change tirées du continent et des îles des Indes occidentales sur les possessions européennes de la France ; et réciproquement, du continent et des îles de l'Europe sur les possessions françaises ou établissements français aux côtes occidentales de l'Afrique, au continent et aux îles des Indes occidentales. — Le délai est de deux ans pour les lettres de change tirées du continent et des îles des Indes orientales sur les possessions européennes de la France ; et réciproquement du continent et des îles de l'Europe sur les possessions françaises ou établissements français au continent et aux îles des Indes orientales. — « La même déchéance aura lieu contre le porteur « d'une lettre de change à vue, à un ou plusieurs « jours, mois ou usances de vue, tirée de la France,

« des possessions ou établissements français, et
« payable dans les pays étrangers, qui n'en exigera
« pas le paiement ou l'acceptation dans les délais
« ci-dessus prescrits pour chacune des distances res-
« pectives ». — Les délais ci-dessus, de huit mois,
d'un an ou de deux ans, sont doublés en cas de
guerre maritime. — « Les dispositions ci-dessus ne
« préjudicieront néanmoins pas aux stipulations
« contraires qui pourraient intervenir entre le pre-
« neur, le tireur et même les endosseurs ».

161. Le porteur d'une lettre de change doit en exiger le paiement le jour de son échéance. (Com. 129, 133, N. 1247.)

162. Le refus de paiement doit être constaté, le lendemain du jour de l'échéance, par un acte que l'on nomme *protêt faute de paiement.*— Si ce jour est un jour férié légal, le protêt est fait le jour suivant. (Com. 134, 184.)

163. Le porteur n'est dispensé du protêt faute de paiement, ni par le protêt faute d'acceptation, ni par la mort ou faillite de celui sur qui la lettre de change est tirée. — Dans le cas de faillitte de l'accepteur avant l'échéance, le porteur peut faire protester, et exercer son recours. (Com. 119 156, 444.)

164. Le porteur d'une lettre de change protestée faute de paiement peut exercer son action en garantie. — Ou individuellement contre le tireur et chacun des endosseurs : — Ou collectivement contre les endosseurs et le tireur. — La même faculté existe pour chacun des endosseurs, à l'égard du tireur et des endosseurs qui le précèdent. (Com. 165.)

165. Si le porteur exerce le recours individuellement contre son cédant, il doit lui faire notifier le protêt, et, à défaut de remboursement, le faire citer en jugement dans les quinze jours qui suivent la date du protêt, si celui-ci réside dans la distance de cinq myriamètres. — Ce délai, à l'égard du cédant domicilié à plus de cinq myriamètres de l'endroit où la lettre de change était payable, sera augmenté d'un jour par deux myriamètres et demi excédant les cinq myriamètres (Com. 164, 167, 171 s.)

166. Les lettres de change tirées de France et payables hors du territoire continental de la France, en Europe, étant protestées, les tireurs et endosseurs résidents en France seront poursuivis dans les délais ci-après : — De deux mois pour celles qui étaient payables en Corse, dans l'île d'Elbe ou de Capraja, en Angleterre et dans les états limitrophes de la France ; — De quatre mois pour celles qui étaient payables dans les autres Etats de l'Europe ; — De six mois pour celles qui étaient payables aux Echelles du Levant et sur les côtes septentrionales de l'Afrique ; — D'un an pour celles qui étaient payables aux côtes occidentales de l'Afrique jusques et y compris le cap de Bonne-Espérance, et dans les Indes occidentales ; — De deux ans pour celles qui étaient payables dans les Indes orientales. — Ces délais seront observés dans les mêmes proportions pour le recours à exercer contre les tireurs et endosseurs résidant dans les possessions françaises situées hors d'Europe. — Les délais ci-dessus, de six mois, d'un an et de deux ans, seront doublés en temps de guerre maritime. (Com. 164, 167, 171.)

167. Si le porteur exerce son recours collectivement contre les endosseurs et le tireur, il jouit, à l'égard de chacun d'eux, du délai déterminé par les articles précédents. — Chacun des endosseurs a le droit d'exercer le même recours, ou individuellement, dans le même délai. — A leur égard, le délai court du lendemain de la date de la citation en justice. (Com. 165, 168.)

168. Après l'expiration des délais ci-dessus, — Pour la présentation de la lettre de change à vue, ou à un ou plusieurs jours ou mois ou usances de vue, — Pour le protêts faute de paiement, — Pour l'exercice de l'action en garantie, — Le porteur de la lettre de change est déchu de tous droits contre les endosseurs. (Com. 160, 162, 164, 171.)

169. Les endosseurs sont également déchus de toute action en garantie contre leurs cédants, après les délais ci-dessus prescrits, chacun en ce qui le concerne. (Com. 160, 164.)

170. La même déchéance a lieu contre le porteur et les endosseurs, à l'égard du tireur lui-même, si ce dernier justifie qu'il y avait provision à l'échéance de la lettre de change. — Le porteur, en ce cas, ne conserve d'action que contre celui sur qui la letttre de change était tirée. (Com. 115, 160, 171.)

171. Les effets de la déchéance prononcée par les trois articles précédents cessent en faveur du porteur, contre le tireur, ou contre les endosseurs qui, après l'expiration des délais fixés pour le protêt, la notification du protêt ou la citation en jugement, a reçu par compte, compensation ou autrement, les fonds destinés au paiement de la lettre de change. (Com. 168.)

172. Indépendamment des formalités prescrites pour l'exercice de l'action en garantie, le porteur d'une lettre de change protestée faute de paiement, peut, en obtenant la permission du juge, saisir conservatoirement les effets mobiliers des tireurs, accepteurs et endosseurs. (Com. 164 ; Pr. 417.)

§ xii. *Des protêts*

173. Les protêts faute d'acceptation ou de paiement sont faits par deux notaires, ou par un notaire et deux témoins. — Le protêt doit être fait : — Au domicile de celui sur qui la lettre de change était payable, ou à son dernier domicile connu, — Au domicile des personnes indiquées par la lettre de change pour la payer au besoin, — Au domicile du tiers qui a accepté par intervention ; -- Le tout par un seul et même acte. — En cas de fausse indication de domicile, le protêt est précédé d'un acte de perquisition. (Com. 119, 126, 156, 162, 175, 184, 187.)

174. L'acte de protêt contient. — La transcription littérale de la lettre de change, de l'acceptation, des endossements, et des recommandations qui y sont inpliquées, — La sommation de payer la lettre de change. — Il énonce — la présence ou l'absence de celui qui doit payer, — Les motifs de refus de payer, et l'impuissance ou le refus de signer.

175. Nul acte, de la part du porteur de la lettre de change, ne peut suppléer l'acte de protêt, hors le cas prévu par les articles 150 et suivants, touchant la perte de la lettre de change.

176. Les notaires et les huissiers sont tenus, à peine de destitution, dépens, dommages-intérêts envers les parties, de laisser copie exacte des protêts, et de les inscrire en entier, jour par jour et par ordre de dates, dans un registre particulier, coté, parafé, et tenu dans les formes prescrites pour les répertoires. (Com. 173, 174 ; N. 1146 ; Pr. 1041.)

§ xiii. *Du rechange*

177. Le rechange s'effectue par une retraite. (Com. 110, 160, 173, 178, 180, 187).

178. La retraite est une nouvelle lettre de change, au moyen de laquelle le porteur se rembourse sur le tireur, ou sur l'un des endosseurs, du principal de la lettre protestée, de ses frais, et du nouveau change qu'il paie. (Com. 110, 181, 184.)

179. Le rechange se règle, à l'égard du tireur, par le cours du change du lieu où la lettre de change était payable, sur le lieu d'où elle a été tirée. — Il se règle à l'égard des endosseurs, par le cours du change du lieu où la lettre de change a été remise ou négociée par eux, sur lieu où le remboursement s'éffectue. (Com. 71, 181)

180. La retraite est accompaguée d'un compte de retour. (Com. 178, 181.)

181. Le compte de retour comprend : — Le principal de la lettre de change protestée, — Les frais de protêt et autres frais légitimes, tels que commission de banque, courtage, timbre et ports de lettres. — Il énonce le nom de celui sur qui la retraite est faite, et le prix du change auquel elle est négociée. Il est certifié par un agent de change. — Dans les lieux où il n'y a pas d'agent de change, il est certifié par deux commerçants. — Il est accomcompagné de la lettre de change protestée, du protêt, ou d'une expédition de l'acte de protêt. — Dans le cas où la retraite est faite sur l'un des endosseurs, elle est accompagnée, en outre, d'un certificat qui constate le cours du change du lieu où la lettre de change était payable, sur le lieu d'où elle a été tirée, (Com. 72, 76, 136, 173, 186.)

182. Il ne peut être fait plusieurs comptes de de retour sur une même lettre de change. — Ce compte de retour est remboursé d'endosseur à endosseur respectivement, et définitivemeut par le tireur.

183. Les rechanges ne peuvent être cumulés. Chaque endosseur n'en supporte qu'un seul ainsi que le tireur. (Com. 179.)

184. L'intérêt du principal de la lettre de change protestée faute de paiement est dû à compter du jour du protêt. (Com. 162, 173, 187.)

185. L'intérêt des frais de protêt, rechange et autres frais légitimes, n'est dû qu'à compter du jour de la demande en justice. (Com. 173, 177, 181, 184, 631 ; Pr. 59, 61, 69 ; N. 1153.)

186. Il n'est point dû de rechange, si le compte de retour n'est pas accompagné des certificats d'agents de change ou de commerçants, prescrits par l'acticle 181.

SECT. II. — *Du billet à ordre*

187. Toutes les dispositions relatives aux lettres de change, et concernant l'échéance, — l'endossement, — la solidarité, — l aval, — le paiement, — le paiement par intervention, le protêt, — les devoirs et droits du porteur, — le rechange et les intérêts, — sont applicables aux billets à ordre, sans préjudice des dispositions relatives aux cas prévus par les articles 636, 637 et 638. (Com. 110, 127, 136, 140, 141, 142, 143, 158, 173, 177.)

188. Le billet à ordre est daté. — Il énonce — la somme à payer, — le nom de celui à l'ordre de qui il est souscrit, — l'époque à laquelle le paiement doit s'effectuer, — la valeur qui a été fournie en espèces, en marchandises, en compte, ou de tout autre manière.

SECT. III. — *De la prescription*

189. Toutes actions relatives aux lettres de change et à ceux des billets à ordre souscrits par des négociants, marchands ou banquiers, ou pour faits de commerce, se prescrivent par cinq ans, à compter du jour du protêt, ou de la dernière poursuite juridique, s'il n'y a eu condamnation, ou si la dette n'a été reconnue par acte séparé. -- Néanmoins les prétendus débiteurs seront tenus, s'ils en sont requis, d'affirmer, sous serment, qu'ils ne sont plus redevables ; et leurs veuves, héritiers ou ayants cause, qu'ils estiment de bonne foi qu'il n'est plus rien dû. (Com. 155. 187 ; N. 1357 ; Pr. 120.)

LIVRE TROISIÈME
Des Faillites et Banqueroutes

TITRE Ier
DE LA FAILLITE

DISPOSITIONS GÉNÉRALES

437. Tout commerçant qui cesse ses paiements est en état de faillite. — La faillite d'un commerçant peut être déclarée après son décès, lorsqu'il est mort en état de cessation de paiements.— La déclaration de la faillite ne pourra être, soit prononcée d'office, soit demandée par les créanciers, que dans l'année qui suivra le décès. (Com. 440, 478, 481, 614, 632, 633, 635.)

CHAP. I.— DE LA DÉCLARATION DE FAILLITE ET DE SES EFFETS.

438. Tout failli sera tenu, dans les trois jours de la cessation de ses paiements, d'en faire la déclaration au greffe du tribunal de commerce de son domicile. Le jour de la cessation de paiements sera compris dans les trois jours. — En cas de faillite d'une société en nom collectif, la déclaration contiendra le nom et l'indication du domicile de chacun des associés solidaires. Elle sera faite au greffe du tribunal dans le ressort duquel se trouve le siège du principal établissement de la société. (Com. 20, 439 456, 458, 531, 586; N. 102.)

439. La déclaration du failli devra être accompagnée du dépôt du Bilan, ou contenir l'indication des motifs qui empêcheraient le failli de le déposer. Le bilan contiendra l'énumération et l'évaluation de tous les biens mobiliers et immobiliers du débiteur, l'état des dettes actives et passives, le tableau des profits et pertes, le tableau des dépenses; il devra être certifié véritable, daté et signé par le débiteur. (Com. 438, 456, 476, 477, 586, 591.)

440. La faillite est déclarée par jugement du tribunal de commerce, rendu, soit sur la déclaration du failli, soit à la requête d'un ou de plusieurs créanciers, soit d'office. Ce jugement sera exécutoire provisoirement. (Com. 441, 451, 455, 462, 49ə, 580.)

441. Par le jugement déclaratif de la faillite, ou par jugement ultérieur rendu sur le rapport du juge-commissaire, le tribunal déterminera, soit d'office, soit sur la poursuite de toute partie intéressée, l'époque à laquelle a eu lieu la cessation de paiements. A défaut de détermination spéciale, la cessation de paiements sera réputée avoir lieu à partir du jugement déclaratif de la faillite. (Com. 437, 446, 447, 580, 581, 585, 586.)

442. Les jugements rendus en vertu des deux articles précédents seront affichés et insérés par extrait dans les journaux, tant du lieu où la faillite aura été déclarée que de tous les lieux où le failli aura des établissements commerciaux, suivant le mode établi par l'article 42 du présent Code. (Com 461, 504, 580, 600.)

443. Le jugement déclaratif de la faillite emporte de plein droit, à partir de sa date, dessaisissement pour le failli de l'administration de tous ses biens, même de ceux qui peuvent lui échoir tant qu'il est en état de faillite. — A partir de ce jugement, toute action mobilière ou immobilière ne pourra être suivie ou intentée que contre les syndics. — Il en sera de même de toute voie d'exécution tant sur les meubles que sur les immeubles. — Le tribunal, lorsqu'il le jugera convenable, pourra recevoir le failli partie intervenante. (Com. 469, 474, 484, 486, 487, 527.)

444. Le jugement déclaratif de faillite rend exigibles, à l'égard du failli, les dettes passives non échues. — En cas de faillite du souscripteur d'un billet à ordre, de l'accepteur d'une lettre de change ou du tireur à défaut d'acceptation, les autres obligés seront tenus de donner caution pour le paiement à l'échéance, s'ils n'aiment mieux payer immédiatement. (Com. 120, 163, 471, 542 ; N. 1188, 2040.)

445. Le jugement déclaratif de faillite arrête, à l'égard de la masse seulement, le cours des intérêts de toute créance non garantie par un privilège, par un nantissement ou par une hypothèque. — Les intérêts des créances garanties ne pourront être réclamés que sur les sommes provenant des biens affectés au privilège, à l'hypothèque ou au nantissement. (Com. 446, 246, 604.)

446. Sont nuls et sans effet, relativement à la masse, lorsqu'ils auront été faits par le débiteur depuis l'époque déterminée par le tribunal comme étant celle de la cessation de ses paiements, ou dans les dix jours qui auront précédé cette époque : — Tous actes translatifs de propriétés mobilières à titre gratuit ;— Tous paiements, soit en espèces, soit par transport, vente, compensation ou autrement, pour dettes non échues, et, pour dettes échues, tous paiements faits autrement qu'en espèces ou effets de commerce ;— Toute hypothèque conventionnelle ou judiciaire, et tous droits d'antichrèse ou de nantissement constitués sur les biens du débiteur pour dettes antérieurement contractées. (Com. 441, 477 ; N. 1167, 1350, 2071, 2123, 2124, 2146.)

447. Tous autres paiements fait par le débiteur pour dettes échues, et tous autres actes à titre onéreux par lui passés après la cessation des paiements et avant le jugement déclaratif de faillite, pourront être annulés si, de la part de ceux qui ont reçu du débiteur ou qui ont traité avec lui, ils ont eu lieu avec connaissance de la cessation de ses paiements. (Com. 446, N. 1167.)

448. Les droits d'hypothèque et de privilège valablement acquis pourront être inscrits jusqu'au jour du jugement déclaratif de la faillite.— Néanmoins les inscriptions prises après l'époque de la cessation de paiements, ou dans les dix jours qui précèdent, pourront être déclarées nulles, s'il s'est écoulé plus de 12 jours entre la date de l'acte constitutif de l'hypothèque ou du privilège et celle de l'inscription. — Ce délai sera augmenté d'un jour à raison de cinq myriamètres de distance entre le lieu où le droit d'hypothèque aura été acquis et le lieu où l'inscription sera prise. (N. 2095, 2146, 2185 ; Pr. 1033.)

449. Dans le cas où des lettres de change auraient été payées après l'époque fixée comme étant celle de la cessation de paiement et avant le jugement déclaratif de faillite, l'action en rapport ne pourra être intentée que contre celui pour compte duquel la lettre de change aurait été fournie.— S'il s'agit d'un billet à ordre, l'action ne pourra être exercée que contre le premier endosseur.— Dans l'un et l'autre cas, la preuve que celui à qui on demande le rapport avec connaissance de la cessation de paiements à l'époque de l'émission du titre devra être fournie. (Com. 110, N. 1341.)

450. Toutes voies d'exécution pour parvenir au paiement des loyers sur les effets mobiliers servant à l'exploitation du commerce du failli seront suspendues pendant trente jours, à partir du jugement déclaratif de faillite, sans préjudice de toutes mesures conservatoires, et du droit qui serait acquis au propriétaire de reprendre possession des lieux loués.— Dans ce cas, la suspension des voies d'exécution établie au présent article cessera de plein droit. (Com. 440, 443, 490.)

CHAP. II.— DE LA NOMINATION DU JUGE-COMMISSAIRE.

451. Par le jugement qui déclarera la faillite, le tribunal de commerce désignera l'un de ses membres pour juge-commissaire. (Com. 519, 522, 483.)

452. Le juge commissaire sera chargé spécialement d'accélérer et de surveiller les opérations et la gestion de la faillite.— Il fera au tribunal de commerce le rapport sur toutes les contestations que la faillite pourra faire naître, et qui seront de la compétence de ce tribunal. (Com. 514, 538.)

453. Les ordonnances du juge-commissaire ne seront susceptibles de recours que dans les cas prévus par la loi. Ces recours seront portés devant le tribunal de commerce. (Com. 466, 474, 530, 567.)

454. Le tribunal de commerce, pourra à toutes

les époques, remplacer le juge-commissaire de la faillite par un autre de ses membres.

CHAP. III. — DE L'APPOSITION DES SCELLÉS, ET DES PREMIÈRES DISPOSITIONS A L'ÉGARD DE LA PERSONNE DU FAILLI.

455. Par le jugement qui déclarera la faillite, le tribunal ordonnera l'apposition des scellés, et le dépôt de la personne du failli dans la maison d'arrêt pour dettes, ou la garde de sa personne par un officier de police ou de justice, ou par un gendarme.
Néanmoins, si le juge-commissaire estime que l'actif du failli peut être inventorié en un seul jour, il ne sera point apposé de scellés, et il devra être immédiatement procédé à l'inventaire.— Il ne pourra, en cet état, être reçu, contre le failli, d'écrou ou recommandation pour aucune espèce de dettes. (Com. 467 ; Pr. 780, 792, 907.)

456. Lorsque le failli se sera conformé aux articles 438 et 439, et ne sera point, au moment de la déclaration, incarcéré pour dettes ou pour autre cause, le tribunal pourra l'affranchir du dépôt ou de la garde de sa personne.— La disposition du jugement qui affranchirait le failli du dépôt ou de la garde de sa personne pourra toujours, suivant les circonstances, être ultérieurement rapportée par le tribunal de commerce, même d'office. (Com. 455, 472, 488, 505.)

457. Le greffier du tribunal de commerce adressera, sur-le-champ, au juge de paix, avis du jugement de la disposition qui aura ordonné l'apposition des scellés. — Le juge de paix, pourra, même avant ce jugement, apposer les scellés, soit d'office, soit sur la réquisition d'un ou plusieurs créanciers, mais seulement dans le cas de disparition du débiteur ou de détournement de tout ou partie de son actif. (Com. 455, 458, 468, 469, 593 ; Pr. 911, 912.)

458. Les scellés seront apposés sur les magasins, comptoirs, caisses, portefeuilles, livres, papiers, meubles et effets du failli.— En cas de faillite d'une société en nom collectif, les scellés seront apposés, non-seulement dans le siège principal de la société, mais encore dans le domicile séparé de chacun des associés solidaires. — Dans tous les cas, le juge de paix donnera, sans délai, au président du tribunal de commerce, avis de l'apposition des scellés. (Com. 22, 438, 471, 531, 604.)

459. Le greffier du tribunal de commerce adressera, dans les vingt-quatre heures, au procureur impérial du ressort, extraits des jugements déclaratifs de faillite, mentionnant les principales indications et dispositions qu'ils contiennent. (Com. 440, 455, 460, 482, 483, 584, 606, 607.)

460. Les dispositions qui ordonneront le dépôt de la personne du failli dans une maison d'arrêt pour dettes, ou la garde de sa personne, seront exécutées à la diligence, soit du ministère public, soit des syndics de la faillite. (Com. 443, 455, 456.)

461. Lorsque les deniers appartenant à la faillite ne pourront suffire immédiatement aux frais du jugement de déclaration de la faillite, d'affiche et d'insertion de ce jugement dans les journaux, d'apposition des scellés, d'arrestation et d'incarcération du failli, l'avance de ces frais sera faite, sur ordonnance du juge-commissaire, par le trésor public, qui en sera remboursé par privilège sur les premiers recouvrements, sans préjudice du privilège du propriétaire. (Com. 440, 442, 445, 450, 587.)

CHAP. IV. — DE LA NOMINATION ET DU REMPLA-
CEMENT DES SYNDICS PROVISOIRES.

462. Par le jugement qui déclarera la faillite, le tribunal de commerce nommera un ou plusieurs syndics provisoires. — Le juge-commissaire convoquera immédiatement les créanciers présumés à se réunir dans un délai qui n'excèdera pas quinze jours, il consultera les créanciers présents à cette réunion, tant sur la composition de l'état des créanciers présumés que sur la nomination de nouveaux syndics. — Il sera dressé procès-verbal de leurs dires et observations, lequel sera présenté au tribunal. — Sur le vu de ce procès-verbal et de l'état des créanciers présumés, et sur le rapport du juge-commissaire, le tribunal nommera de nouveaux syndics, ou continuera les premiers dans leurs fonctions. — Les syndics ainsi institués sont définitifs ; cependant ils peuvent être remplacés par le tribunal de commerce, dans les cas et suivant les formes qui seront déterminés. — Le nombre des syndics pourra être, à toute époque, porté jusqu'à trois ; ils pourront être choisis parmi les personnes étrangères à la masse, et recevoir, quelle que soit leur qualité, après avoir rendu compte de leur gestion, une indemnité que le tribunal arbitrera sur le rapport du juge-commissaire. (Com. 440, 443, 460, 463, 468, 492, 506, 519, 529, 536, 566.)

463. Aucun parent ou allié du failli, jusqu'au quatrième degré inclusivement, ne pourra être nommé syndic.

464. Lorsqu'il y aura lieu de procéder à l'adjonction ou au remplacement d'un ou plusieurs syndics, il en sera référé par le juge-commissaire au tribunal de commerce, qui procèdera à la nomination suivant les formes établies par l'article 462.

465. S'il a été nommé plusieurs syndics, ils ne pourront agir que collectivement; néanmoins le juge-commissaire peut donner à un ou plusieurs d'entre eux des autorisations spéciales à l'effet de faire séparément certains actes d'administration. Dans ce dernier cas, les syndics autorisés seront seuls responsables.

466. S'il s'élève des réclamations contre quelqu'une des opérations des syndics, le juge-commissaire statuera dans le délai de trois jours, sauf recours devant le tribunal de commerce.— Les décisions du juge-commissaire sont exécutoires par provision. (Com. 453, 530, 580, 583.)

467. Le juge-commissaire pourra, soit sur les réclamations à lui adressées par le failli ou par des créanciers, soit même d'office, proposer la révocation d'un ou plusieurs des syndics.— Si, dans les huit jours, le juge-commissaire n'a pas fait droit aux réclamations qui lui ont été adressées, ces réclamations pourront être portées devant le tribunal.— Le tribunal, en chambre de conseil, entendra le rapport du juge-commissaire et les explications des syndics, et prononcera à l'audience sur la révocation.

CHAP. V.— DES FONCTIONS DES SYNDICS.
SECT. I.— *Dispositions générales*

468.— Si l'apposition des scellés n'avait point eu lieu avant la nomination des syndics, ils requerront le juge de paix d'y procéder. (Com. 455, 468, 469.)

469. Le juge-commissaire pourra également, sur la demande des syndics, les dispenser de faire placer sous les scellés, ou les autoriser à en faire extraire : 1° Les vêtements, hardes, meubles ou effets nécessaires au failli et à sa famille, et dont la délivrance sera autorisée par le juge-commissaire, sur l'état que lui en soumettront les syndics ; — 2° Les objets sujets à dépérissement prochain ou à dépréciation imminente ; — 3° Les objets servant à l'exploitation du fonds de commerce, lorsque cette exploitation ne pourrait être interrompue sans préjudice pour les créanciers. — Les objets compris dans les deux paragraphes précédents seront de suite inventoriés avec prisée, par les syndics en présence du juge de paix, qui signera le procès-verbal. (Com. 458, 470, 479.)

470. La vente des objets sujets à dépérissement ou à dépréciation imminente, ou dispendieux à conserver, et l'exploitation du fonds de commerce, auront lieu à la diligence des syndics, sur l'autorisation du juge-commissaire. (Com. 469, 484.)

471. Les livres seront extraits des scellés et remis par le juge de paix aux syndics, après avoir été arrêtés par lui ; — il constatera sommairement, par son procès-verbal, l'état dans lequel ils se trouveront. — Les effets de portefeuille à courte échéance ou susceptibles d'acceptation, ou pour lesquels il faudra faire des actes conservatoires, seront aussi extraits des scellés par le juge de paix, décrits et remis au syndic pour en faire le recouvrement. Le bordereau en sera remis au juge-commissaire. — Les autres créances seront recouvrées par les syndics sur leurs quittances. Les lettres adressées au failli seront remises aux syndics, qui les ouvriront ; il pourra, s'il est présent, assister à l'ouverture. (Com. 444, 450, 458, 490, 521.)

472. Le juge-commissaire, d'après l'état apparent des affaires du failli, pourra proposer sa mise en liberté, avec sauf-conduit provisoire de sa personne. Si le tribunal accorde le sauf-conduit, il pourra obliger le failli à fournir caution de se représenter, sous peine de paiement d'une somme que le tribunal arbitrera, et qui sera dévolue à la masse. (Com. 455, 488, 505, 586, 595.

473. A défaut, par le juge-commissaire, de proposer un sauf-conduit pour le failli, ce dernier pourra présenter sa demande au tribunal de commerce, qui statuera, en audience publique, après avoir entendu le juge-commissaire. (Com. 583.)

474. Le failli pourra obtenir pour lui et sa famille, sur l'actif de sa faillite, des secours alimentaires, qui seront fixés, sur la proposition des syndics, par le juge-commissaire, sauf appel au tribunal en cas de contestation. (Com. 443, 473, 475, 530, 565, 583.)

475. Les syndics appelleront le failli auprès d'eux pour clore et arrêter les livres en sa présence. S'il ne se rend pas à l'invitation, il sera sommé de comparaître dans les quarante-huit heures au plus tard. — Soit qu'il ait ou non obtenu un sauf-conduit, il pourra comparaître par fondé de pouvoirs, s'il justifie de causes d'empêchement reconnues valables par le juge-commissaire. (Com. 472)

476. Dans le cas où le bilan n'aurait pas été déposé par le failli, les syndics le dresseront immédiatement à l'aide des livres et papiers du failli, et des renseignements qu'ils se procureront, et ils le déposeront au greffe du tribunal de commerce. (Com. 439, 522.)

477. Le juge-commissaire est autorisé à entendre le failli, ses commis et employés, et tout autre personne, tant sur ce qui concerne la formation du bilan que sur les causes et les circonstances de la faillite. (Com. 439, 476, 478.)

478. Lorsqu'un commerçant aura été déclaré en

faillite après son décès, ou lorsque le failli viendra à décéder après la déclaration de la faillite, sa veuve, ses enfants, ses héritiers, pourront se présenter ou se faire représenter pour le suppléer dans la formation du bilan, ainsi que dans toutes les autres opérations de la faillite. (Com. 437, 481, 614.)

SECT. II.— *De la levée des scellés et de l'inventaire*

479. Dans les trois jours, les syndics requerront la levée des scellés et procèderont à l'inventaire des biens du failli, lequel sera présent ou dûment appelé. (Com. 443, 455, 462, 468, 469, 480, 481, 522.)

480. L'inventaire sera dressé en double minute par les syndics, à mesure que les scellés seront levés, et en présence du juge de paix, qui le signera à chaque vacation. L'une de ces minutes sera déposée au greffe du tribunal de commerce, dans les vingt-quatre heures ; l'autre restera entre les mains des syndics. — Les syndics seront libres de se faire aider, pour sa rédaction comme pour l'estimation des objets, par qui ils jugeront convenable. — Il sera fait récolement des objets qui, conformément à l'article 469, n'auraient pas été mis sous les scellés, et auraient déjà été inventoriés et prisés (937, 943).

481. En cas de déclaration de faillite après décès, lorsqu'il n'aura point été fait d'inventaire antérieurement à cette déclaration, ou en cas de décès du failli avant l'ouverture de l'inventaire, il y sera procédé immédiatement, dans les formes du précédent article, et en présence des héritiers, ou eux dûment appelés. (Com. 478.)

482. En toute faillite, les syndics, dans la quinzaine de leur entrée ou de leur maintien en fonctions, seront tenus de remettre au juge-commissaire un mémoire ou compte sommaire de l'état apparent de la faillite, de ses principales causes et circonstances, et des caractères qu'elle paraît avoir. — Le juge-commissaire transmettra immédiatement les mémoires, avec ses observations, au procureur impérial. S'ils ne lui ont pas été remis dans les délais prescrits, il devra en prévenir le procureur impérial, et lui indiquer les causes du retard. (Com. 459.)

483. Les officiers du ministère public pourront se transporter au domicile du failli et assister à l'inventaire. — Ils auront, à toute époque, le droit de requérir communication de tous les actes, livres ou papiers relatifs à la faillite. (Com. 459, 471, 602, 603.)

SECT. III. — *De la vente des marchandises et meubles, et des recouvrements.*

484. L'inventaire terminé, les marchandises, l'argent, les titres actifs, les livres et papiers, meubles et effets du débiteur seront remis aux syndics, qui s'en chargeront au bas dudit inventaire. (Com. 443, 471, 519.)

485. Les syndics continueront de procéder, sous la surveillance du juge-commissaire, au recouvrement des dettes actives.

486. Le juge-commissaire pourra, le failli entendu ou dûment appelé, autoriser les syndics à procéder à la vente des effets mobiliers ou marchandises. — Il décidera si la vente se fera soit à l'amiable, soit aux enchères publiques, par l'entremise de courtiers ou de tous autres officiers publics préposés à cet effet. — Les syndics choisiront dans la classe d'officiers publics déterminée par le juge-commissaire, celui dont ils voudront employer le ministère. (Com. 470, 534, 560, 565, 571, 583.)

487. Les syndics pourront, avec l'autorisation du juge-commissaire, et le failli dûment appelé, transiger sur toutes contestations qui intéressent la masse, même sur celles qui sont relatives à des droits et actions immobiliers. — Si l'objet de la transaction est d'une valeur indéterminée ou qui excède trois cents francs, la transaction ne sera obligatoire qu'après avoir été homologuée, savoir : par le tribunal de commerce pour les transactions relatives à des droits mobiliers, et par le tribunal civil pour les transactions relatives à des droits immobiliers. — Le failli sera appelé à l'homologation ; il aura, dans tous les cas, la faculté de s'y opposer. Son opposition suffira pour empêcher la transaction, si elle a pour objet des biens immobilliers. (Com. 443, 500, 535, 583.)

488. Si le failli a été affranchi du dépôt, ou s'il a obtenu un sauf-conduit, les syndics pourront l'employer pour faciliter et éclairer leur gestion ; le juge-commissaire, fixera les conditions de son travail. (Com. 443, 472, 475, 480, 505.)

489. Les deniers provenant des ventes et des recouvrements seront, sous la déduction des sommes arbitrées par le juge commissaire, pour le montant des dépenses et frais, versés immédiatement à la caisse des dépôts et consignations. Dans les trois jours des recettes il sera justifié au juge-commissaire desdits versements ; en cas de retard, les syndics, devront les intérêts des sommes qu'ils n'auront point versées. — Les deniers versés par les syndics et tous autres consignés par des tiers, pour compte de la faillite, ne pourront être retirés qu'en vertu d'une ordonnance du juge-commissaire. S'il existe des oppositions, les syndics devront préalablement en obtenir la mainlevée. — Le juge-commissaire pourra ordonner que le versement sera fait par la caisse directement entre les mains des créanciers de la faillite, sur un état de répartition dressé par les syndics et ordonnancé par lui. (Com. 565, 566, 568, 569 ; Pr. 126, 132.)

SECT. IV. — *Des actes conservatoires*

490. A compter de leur entrée en fonctions, les syndics seront tenus de faire tous actes pour la conservation des droits du failli contre ses débiteurs. — Ils seront aussi tenus de requérir l'inscription aux hypothèques sur les immeubles des débiteurs du failli, si elle n'a pas été requise par lui ; l'inscription sera prise au nom de la masse par les syndics. qui joindront à leurs bordereaux un certificat constatant leur nomination. — Ils seront tenus aussi de prendre inscription, au nom de la masse des créanciers, sur les immeubles du failli dont ils connaîtront l'existence. L'inscription sera reçue sur un simple bordereau du jugement par lequel ils auront été nommés. (Com. 471, 485, 217 ; N. 1166, 2146, 2154.)

SECT. V. — *De la vérification des créances*

491. A partir du jugement déclaratif de la faillite, les créanciers pourront remettre au greffier leurs titres, avec un bordereau indicatif des sommes par eux réclamées. Le greffier devra en tenir état et en donner récépissé. — Il ne sera responsable des titres que pendant cinq années, à partir du jour de l'ouverture du procès-verbal de vérification. (Com. 440, 522, 523, 568, 581, 603.)

492. Les créanciers qui, à l'époque du maintien ou du remplacement des syndics, en exécution du troisième paragraphe de l'article 462, n'auront pas remis leurs titres, seront immédiatement avertis, par des insertions dans les journaux et par lettres du greffier, qu'ils doivent se présenter en personne ou par fondés de pouvoirs, dans le délai de vingt jours, à partir desdites insertions, aux syndics de la faillite, et leur remettre leurs titres accompagnés d'un bordereau indicatif des sommes par eux réclamées, si mieux ils n'aiment en faire le dépôt au greffe du tribunal de commerce, il leurs en sera donné récépissé. A l'égard des créanciers domiciliés en France, hors du lieu où siège le tribunal saisi de l'instruction de la faillite, ce délai sera augmenté d'un jour par cinq myriamètres de distance entre le lieu où siége le tribunal et le domicile du créancier. A l'égard des créanciers domiciliés hors du territoire continental de la France, ce délai sera augmenté conformément aux règles 73 du Code de procédure civile. (Com. 442, 462, 491, 522, 523, 568, 582).

493. La vérification des créances commencera dans les trois jours de l'expiration des délais déterminés par les premier et deuxième paragraphes de l'article 492. Elle sera continuée sans interruption. Elle se fera aux lieu, jour et heure indiqués par le juge-commissaire. L'avertissement aux créanciers ordonné par l'article précédent contiendra mention de cette indication. Néanmoins les créanciers seront de nouveau convoqués à cet effet, tant par lettres du greffier que par insertions dans les journaux. — Les créances des syndics seront vérifiées par le juge-commissaire ; les autres le seront contradictoirement entre le créancier ou son fondé de pouvoirs et les syndics, en présence du juge commissaire, qui en dressera procès-verbal. (Com. 442, 492.)

494. Tout créancier vérifié ou porté au bilan pourra assister à la vérification des créances, et fournir des contredits aux vérifications faites et à faire. Le failli aura le même droit. (Com. 439.)

495. Le procès-verbal de vérification indiquera

le domicile des créanciers et de leurs fondés de pouvoirs. — Il contiendra la description sommaire des titres, mentionnera les surcharges, ratures et interlignes, et exprimera si la créance est admise ou contestée. (Com. 439, 491, 542, 569, 603.)

496. Dans tous les cas, le juge-commissaire pourra, même d'office, ordonner la représentation des livres du créancier, ou demander, en vertu d'un compulsoire, qu'il en soit rapporté un extrait fait par les juges du lieu. (Com, 458.)

497. Si la créance est admise, les syndics signeront, sur chacun des titres, la déclaration suivante : — *Admis au passif de la faillite de..........., pour la somme de..........., le...........,* — Le juge-commissaire visera la déclaration. — Chaque créancier, dans la huitaine au plus tard, après que sa créance aura été vérifiée, sera tenu d'affirmer entre les mains du juge-commissaire, que ladite créance est sincère et véritable. (Com. 503, 504, 552, 581, 593.)

498. Si la créance est contestée, le juge-commissaire pourra, sans qu'il soit besoin de citation, renvoyer à bref délai devant le tribunal de commerce qui jugera sur son rapport. — Le tribunal de commerce pourra ordonner qu'il soit fait, devant le juge-commissaire, enquête sur les faits, et que les personnes qui pourront fournir des renseignements soient, à cet effet, citées par devant lui. (Com. 500 ; Pr. 254, 407, 417.)

499. Lorsque la contestation sur l'admission d'une créance aura été portée devant le tribunal de commerce, ce tribunal, si la cause n'est point en état de recevoir jugement définitif avant l'expiration des délais fixés, à l'égard des personnes domiciliées en France, par les articles 492 et 497, ordonnera selon les circonstances, qu'il sera sursis ou passé outre à la convocation de l'assemblée pour la formation du concordat. — Si le tribunal ordonne qu'il sera passé outre, il pourra décider par provision, que le créancier contesté sera admis dans les délibérations pour une somme que le même jugement déterminera. (Com. 504, 583.)

500. Lorsque la contestation sera portée devant un tribunal civil, le tribunal de commerce décidera s'il sera sursis ou passé outre ; dans ce dernier cas, le tribunal civil saisi de la contestation jugera, à bref délai, sur requête des syndics, signifiée au créancier contesté, et sans autre procédure, si la créance sera admise par provision, et pour quelle somme. — Dans le cas où une créance serait l'objet d'une instruction criminelle ou correctionnelle, le tribunal de commerce pourra également prononcer le sursis ; s'il ordonne de passer outre, il ne pourra accorder l'admission par provision, et le créancier contesté ne pourra prendre part aux opérations de la faillite tant que les tribunaux compétents n'auront pas statué. (Com. 542, 583.)

501. Le créancier dont le privilége ou l'hypothèque seulement serait contesté sera admis dans les délibérations de la faillite comme créancier ordinaire. (Com. 508.)

502. A l'expiration des délais déterminés par les articles 492 et 497, à l'égard des personnes domiciliées en France, il sera passé outre à la formation du concordat et à toutes les opérations de la faillite, sous l'exception portée aux articles 567 et 568 en faveur des créanciers domiciliés hors du territoire continental de la France.

503. A défaut de comparution et affirmation dans les délais qui leur sont applicables, les défaillants connus ou inconnus ne seront pas compris dans les répartitions à faire : toutefois la voie de l'opposition leur sera ouverte jusqu'à la distribution des deniers inclusivement ; les frais de l'opposition demeureront toujours à leur charge. — Leur opposition ne pourra suspendre l'exécution des répartitions ordonnancées par le juge-commissaire ; mais s'il est procédé à des répartitions nouvelles avant qu'il ait été statué sur leur opposition, ils seront compris pour la somme qui sera provisoirement déterminée par le tribunal, et qui sera tenue en réserve jusqu'au jugement de leur opposition. — S'ils se font ultérieurement reconnaître créanciers, ils ne pourront rien réclamer sur les répartitions ordonnancées par le juge-commissaire ; mais ils auront le droit de prélever, sur l'actif non encore réparti, les dividendes afférents à leurs créances dans les premières répartitions. (Com. 492, 497, 542, 543, 565.).

CHAP. VI. — DU CONCORDAT ET DE L'UNION

SECT. 1. — *De la convocation et de l'assemblée des créanciers*

504. Dans les trois jours qui suivront les délais prescrits pour l'affirmation, le juge-commissaire fera convoquer par le greffier, à l'effet de délibérer sur la formation du concordat, les créanciers dont les créances auront été vérifiées et affirmées, ou admises par provision. Les insertions dans les journaux et les lettres de convocation indiqueront l'objet de l'assemblée. (Com. 442, 497, 499, 500.)

505. Aux lieu, jour et heure qui seront fixés par le juge-commissaire, l'assemblée se formera sous sa présidence ; les créanciers vérifiés et affirmés, ou admis par provision, s'y présenteront en personne ou par fondé de pouvoirs.— Le failli sera appelé à cette assemblée ; il devra s'y présenter en personne, s'il a été dispensé de la mise en dépôt, ou s'il a obtenu un sauf conduit, et il ne pourra s'y faire représenter que pour des motifs valables, et approuvés par le juge-commissaire. (Com. 456, 472, 473, 497, 499, 500.)

506. Les syndics feront à l'assemblée un rapport sur l'état de la faillite, sur les formalités qui auront été remplies et les opérations qui auront eu lieu ; le failli sera entendu. — Le rapport des syndics sera remis, signé d'eux, au juge commissaire qui dressera procès-verbal de ce qui aura été dit et décidé dans l'assemblée. (Com. 452, 527.)

SECT. II. — *Du concordat*

§ I. *De la formation du concordat*

507. Il ne pourra être consenti de traité entre les créanciers délibérants et le débiteur failli qu'après l'accomplissement des formalités ci-dessus prescrites. — Ce traité ne s'établira que par le concours d'un nombre de créanciers formant la majorité, et représentant, en outre, les trois quarts de la totalité des créances vérifiées et affirmées, ou admises par provision, conformément à la section V du chapitre V ; le tout à peine de nullité. (Com. 497, 499, 500, 504, 505, 506, 509, 529.)

508. Les créanciers hypothécaires inscrits ou dispensés d'inscription, et les créanciers privilégiés ou nantis d'un gage, n'auront pas voix dans les opérations relatives au concordat pour les dites créances, et elles n'y seront comptées que s'ils renoncent à leurs hypothèques, gages ou privilèges. — Le vote au concordat emportera de plein droit cette renonciation. (Com. 445, 448, 490, 517.)

509. Le concordat sera, à peine de nullité,

signé séance tenante. S'il est consenti seulement par la majorité en nombre, ou par la majorité des trois quarts en somme, la délibération sera remise à huitaine pour tout délai ; dans ce cas, les résolutions prises et les adhésions données lors de la première assemblée, demeureront sans effet. (Com. 507, 512.)

510. Si le failli a été condamné comme banqueroutier frauduleux, le concordat ne pourra être formé. — Lorsqu'une instruction en banqueroute frauduleuse aura été commencée, les créanciers seront convoqués à l'effet de décider s'ils se réservent de délibérer sur un concordat, en cas d'acquittement, et si, en conséquence, ils surseoient à statuer jusqu'après l'issue des poursuites. — Ce sursis ne pourra être prononcé qu'à la majorité en nombre et en sommes déterminée par l'article 507. Si, à l'expiration du sursis, il y a lieu à délibérer sur le concordat, les règles établies par le précédent article seront applicables aux nouvelles délibérations. (Com. 583, 591.)

511. Si le failli a été condamné comme banqueroutier simple, le concordat pourra être formé. Néanmoins, en cas de poursuites commencées, les créanciers pourront surseoir à délibérer jusqu'après l'issue des poursuites, en se conformant aux dispositions de l'article précédent. (Com. 584, 601, 602, 612.)

512. Tout les créanciers ayant eu droit de concourir au concordat, ou dont les droits auraient été reconnus depuis, pourront y former opposition. — L'opposition sera motivée et devra être signifiée aux syndics et aux faillis, à peine de nullité, dans les huit jours qui suivront le concordat ; elle contiendra assignation à la première audience du tribunal de commerce. — S'il n'a été nommé qu'un seul syndic, et s'il se rend opposant au concordat, il devra provoquer la nomination d'un nouveau syndic, vis-à-vis duquel il sera tenu de remplir les formes prescrites au présent article. — Si le jugement de l'opposition est subordonné à la solution de questions étrangères, à raison de la matière, à la compétence du tribunal de commerce, ce tribunal surseoira à prononcer jusqu'après la décision de ces questions. — Il fixera un bref délai dans lequel le créancier opposant devra saisir les juges compétents et justifier de ses diligences. (Com. 443, 462, 506, 507, 50 9.)

513. L'homologation du concordat sera poursuivie devant le tribunal de commerce, à la requête de la partie la plus diligente ; le tribunal ne pourra statuer avant l'expiration du délai de huitaine, fixé par l'article précédent. — Si, pendant ce délai, il a été formé des oppositions, le tribunal statuera sur ces oppositions et sur l'homologation par un seul et même jugement. — Si l'opposition est admise, l'annulation du concordat sera prononcée à l'égard de tous les intéressés.

514. Dans tous les cas, avant qu'il soit statué sur l'homologation, le juge-commissaire fera au tribunal de commerce un rapport sur les caractères de la faillite et sur l'admissibilité du concordat. (Com. 452, 538.)

515. En cas d'inobservation des règles ci-dessus prescrites, ou lorsque des motifs tirés, soit de l'intérêt public, soit de l'intérêt des créanciers paraîtront de nature à empêcher le concordat, le tribunal en refusera l'homolagation.

§ II. *Des effets du concordat.*

516. L'homologation du concordat le rendra obligatoire pour tous les créanciers portés ou non portés au bilan, vérifiés ou non vérifiés, et même pour les créanciers domiciliés hors du territoire continental de la France, ainsi que pour ceux qui, en vertu des articles 499 et 500 auraient été admis par provision à délibérer, quelle que soit la somme que le jugement définitif leur attribuerait ultérieurement. (Com. 439, 491, 522.)

517. L'homologation conservera à chacun des créanciers, sur les immeubles du failli, l'hypothèque inscrite en vertu du troisième paragraphe de l'article 490. A cet effet, les syndics feront inscrire aux hypothèques le jugement d'homologation, à moins qu'il n'en ait été décidé autrement par le concordat. (Com. 490, 508.)

518. Aucune action en nullité de concordat ne sera recevable, après l'homologation, que pour cause de dol découvert depuis cette homologation, et résultant soit de la dissimulation de l'actif, soit de l'exagération du passif. (Com. 457, 593.)

519. Aussitôt que le jugement d'homologation sera passé en force de chose jugée, les fonctions des syndics cesseront.— Les syndics rendront au failli leur compte définitif, en présence du juge-commissaire ; ce compte sera débattu et arrêté. Ils remettront au failli l'universalité de ses biens, livres, papiers et effets. Le failli en donnera décharge. — Il sera dressé du tout procès-verbal par le juge-commissaire, dont les fonctions cesseront.— En cas de contestation, le tribunal de commerce prononcera. (Com. 451, 462, 536, 537, 665.)

§ III. *De l'annulation ou de la résolution du concordat.*

520. L'annulation du concordat, soit pour vol, soit par suite de condamnation pour banqueroute frauduleuse intervenue après son homologation, libère de plein droit les cautions. -- En cas d'inexécution, par le failli, des conditions de son concordat, la résolution de ce traité pourra être poursuivie contre lui devant le tribunal de commerce, en présence des cautions, s'il en existe, ou elles dûment appelées. — La résolution du concordat ne libérera pas les cautions qui y seront intervenues pour garantir l'exécution totale ou partielle. (Com. 510, 518, 521, 522, 540, 591, 592, 593, 601, 612, 635.)

521 Lorsque, après l'homologation du concordat, le failli sera poursuivi pour banqueroute frauduleuse, et placé sous mandat de dépôt ou d'arrêt, le tribunal de commerce pourra prescrire telles mesures conservatoires qu'il appartiendra. Ces mesures cesseront de plein droit du jour de la déclaration qu'il n'y a lieu à suivre, de l'ordonnance d'acquittement ou de l'arrêt d'absolution. (450, 455, 471, 490, 510, 520, 591, 592, 593.)

522. Sur le vu de l'arrêt de condamnation pour banqueroute frauduleuse, ou par le jugement qui prononcera, soit l'annulation, soit la résolution du concordat, le tribunal de commerce nommera un juge-commissaire et un ou plusieurs syndics. — Ces syndics pourront faire apposer les scellés. — Ils procèderont, sans retard, avec l'assistance du juge de paix, sur l'ancien inventaire, au récolement des valeurs, actions et des papiers, et procèderont, s'il y a lieu, à un supplément d'inventaire. — Ils dresseront un bilan supplémentaire. — Ils feront immédiatement afficher et insérer dans les journaux à ce destinés, avec un extrait du jugement qui les nomme, invitation aux créanciers nouveaux, s'il en existe, de produire, dans le délai de vingt jours, leurs titres de créances à la vérification. Cette invitation sera faite aussi par lettres du greffier, conformément aux articles 492 et 493. (Com. 439, 451, 476, 492, 493, 494, 567, 591.)

523. Il sera procédé, sans retard, à la vérification des titres de créances produits en vertu de l'article précédent. — Il n'y aura pas lieu à nouvelle vérifications des créances antérieurement admises et affirmées, sans préjudice néanmoins du rejet ou de la déduction de celles qui depuis auraient été payées en tout ou en partie. (Com. 491.)

524. Ces opérations mises à fin, s'il n'intervient pas de nouveau concordat, les créanciers seront convoqués à l'effet de donner leur avis sur le maintien ou le remplacement des syndics. — Il ne sera procédé aux répartitions qu'après l'expiration, à l'égard des créanciers nouveaux, des délais accordés aux personnes domiciliées en France par les articles 492 et 497. (Com. 453, 503, 509, 525, 553, 565.)

525. Les actes faits par le failli postérieurement au jugement d'homologation et antérieurement à l'annulation ou à la résolution du concordat, ne seront annulés qu'en cas de fraude aux droits des créanciers. (Com. 513 ; N. 1167.)

526. Les créanciers antérieurs au concordat rentreront dans l'intégralité de leurs droits à l'égard du failli seulement ; mais ils ne pourront figurer dans la masse que pour les proportions suivantes, savoir : — S'ils n'ont touché aucune part du dividende, pour l'intégralité de leurs créances ; s'ils ont reçu une partie du dividende, pour la portion de leurs créances primitives correspondante à la portion du dividende promis qu'ils n'auront pas touchée. — Les dispositions du présent article seront applicables au cas où une seconde faillite viendra à s'ouvrir sans qu'il y ait eu préalablement annulation ou résolution du concordat.

SECT. III. — *De la clôture en cas d'insuffisance de l'actif.*

527. Si, à quelque époque que ce soit, avant l'homologation du concordat ou la formation de l'union, le cours des opérations de la faillite se trouve arrêté par insuffisance de l'actif, le tribunal de commerce pourra, sur le rapport du juge-commissaire, prononcer même d'office, la clôture des opérations de la faillite. — Ce jugement fera rentrer chaque créancier dans l'exercice de ses actions individuelles, tant contre les biens que contre la personne du failli. — Pendant un mois, à partir de sa date, l'exécution de ce jugement sera suspendue. (Com. 433, 443, 451, 462, 539, 545.)

528. Le failli, ou tout autre intéressé, pourra, à toute époque, le faire rapporter par le tribunal, en justifiant qu'il existe des fonds pour faire face aux frais des opérations de la faillite, ou en faisant consigner entre les mains des syndics somme suffisante pour y pourvoir. — Dans tous les cas, les frais des poursuites exercées en vertu de l'article précédent devront être préalablement acquittés. (Com. 443, 455, 522, 527.)

SECTION IV. — *De l'union des créanciers.*

529. S'il n'intervient point de concordat, les créanciers seront de plein droit en état d'union. — Le juge-commissaire les consultera immédiatement, tant sur les faits de la gestion que sur l'utilité du maintien ou du remplacement des syndics. Les créanciers privilégiés, hypothécaires ou nantis d'un gage, seront admis à cette délibération. — Il sera dressé procès-verbal des dires et observations des créanciers, et, sur le vu de cette pièce, le tribunal de commerce statuera comme il est dit à l'article

465.— Les syndics qui ne seraient pas maintenus devront rendre leur compte aux nouveaux syndics, en présence du juge-commissaire, le failli dûment appelé. (Com. 462, 519, 537, 270.)

530. Les créanciers seront consultés sur la question de savoir si un secours pourra être accordé au failli sur l'actif de la faillite. — Lorsque la majorité des créanciers présents y aura consenti, une somme pourra être accordée au failli, à titre de secours sur l'actif de la faillite. Les syndics en proposeront la quotité, qui sera fixée par le juge-commissaire, sauf recours au tribunal de commerce, de la part des syndics seulement. (Com 453, 466, 474, 565, 583.)

531. Lorsqu'une société de commerce sera en faillite, les créanciers pourront ne consentir de concordat qu'en faveur d'un ou de plusieurs des associés. — En ce cas, tout l'actif social demeurera sous le régime de l'union. Les biens personnels de ceux avec lesquels le concordat aura été consenti en seront exclus, et le traité particulier passé avec eux, ne pourra contenir l'engagement de payer un dividende que sur des valeurs étrangères à l'actif social. — L'associé qui aura obtenu un concordat particulier sera déchargé de toute solidarité. (Com. 19, s., 439, 458, 586, 604.)

532. Les syndics représentent la masse des créanciers et sont chargés de procéder à la liquidation. Néanmoins les créanciers pourront leur donner mandat pour continuer l'exploitation de l'actif. La délibération qui leur conférera ce mandat en déterminera la durée et l'étendue, et fixeront les sommes qu'ils pourront garder entre leurs mains, à l'effet de pourvoir aux frais et dépenses. Elle ne pourra être prise qu'en présence du juge-commissaire, et à la majorité des trois quarts des créanciers en nombre et en somme.— La voie de l'opposition sera ouverte contre cette délibération au failli et aux créanciers dissidents.— Cette opposition ne sera pas suspensive de l'exécution. (Com. 443, 507.)

533. Lorsque les opérations des syndics entraîneront des engagements qui excéderaient l'actif de l'union, les créanciers qui auront autorisé ces opérations seront seuls tenus personnellement audelà de leur part dans l'actif, mais seulement dans les limites du mandat qu'ils auront donné ; ils contribueront au prorata de leurs créances. (N. 1197.)

534. Les syndics sont chargés de poursuivre la vente des immeubles, marchandises et effets mobiliers du failli, et la liquidation de ses dettes actives et passives, le tout sous la surveillance du juge-commissaire, et sans qu'il soit besoin d'appeler le failli. (Com. 452, 486, 487, 522, 571, 572.)

535. Les syndics pourront, en se conformant aux règles prescrites par l'article 487, transiger sur toute espèce des droits appartenant au failli, nonobstant toute opposition de sa part. (Com. 532, 570.)

536. Les créanciers en état d'union seront convoqués au moins une fois dans la première année, et s'il y a lieu, dans les années suivantes, par le juge-commissaire.— Dans ces assemblées, les syndics devront rendre compte de leur gestion.— Ils seront continués ou remplacés dans l'exercice de leurs fonctions, suivant les formes prescrites par les articles 462 et 529. (Com. 452 ; Pr. 527.)

537. Lorsque la liquidation de la faillite sera terminée, les créanciers seront convoqués par le juge-commissaire — Dans cette dernière assemblée, les syndics rendront leur compte. Le failli sera présent ou dûment appelé.— Les créanciers donneront leur avis sur l'excusabilité du failli. Il sera dressé, à cet effet, un procès-verbal dans lequel chacun des créanciers pourra consigner ses dires et observations. — Après la clôture de cette assemblée, l'union sera dissoute de plein droit. (Com. 433, 452, 462, 519, 532, 538.)

538. Le juge-commissaire présentera au tribunal la délibération des créanciers relative à l'excusabilité du failli, et un rapport sur les caractères et les circonstances de la faillite. — Le tribunal prononcera si le failli est ou non excusable (Com. 452. 537.)

539. Si le failli n'est pas déclaré excusable : les créanciers rentreront dans l'exercice de leurs actions individuelles, tant contre sa personne que sur ses biens. — S'il est déclaré excusable, il demeurera affranchi de la contrainte par corps à l'égard des créanciers de sa faillite, et ne pourra plus être poursuivi par eux que sur ses biens, sauf les exceptions prononcées par les lois spéciales. (Com. 455, 527, 541.)

540. Ne pourront être déclarés excusables, les banqueroutiers frauduleux, les stellionataires, les personnes condamnées pour vol, escroquerie ou abus de confiance, les comptables de deniers publics. (Com. 591, 612.)

541. Aucun débiteur commerçant ne sera recevable à demander son admission au bénéfice de cession de biens. (Com. 537, N. 1265.)

CHAP. VII.— DES DIFFÉRENTES ESPÈCES DE CRÉANCIERS, ET DE LEURS DROITS EN CAS DE FAILLITE.

SECT. I. — *Des coobligés et des cautions.*

542. Le créancier porteur d'engagements souscrits ou garantis solidairement par le failli et d'autres coobligés qui sont en faillite, participera aux distributions dans toutes les masses et y figurera pour la valeur nominale de son titre jusqu'à parfait paiement. (Com. 140, 187, 444, 491, 503, 543)

543. Aucun recours, pour raison des dividendes payés, n'est ouvert aux faillites des coobligés les unes contre les autres, si ce n'est lorsque la réunion des dividendes que donneraient ces faillites excèderait le total de la créance, en principal et accessoires ; auquel cas cet excédent sera dévolu, suivant l'ordre des engagements, à ceux des coobligés qui auraient les autres pour garants.

544. Si le créancier porteur d'engagements solidaires entre le failli et d'autres coobligés a reçu, avant la faillite, un à-compte sur sa créance, il ne sera compris dans la masse que sous la déduction de cet à-compte, et conservera, pour ce qui lui restera dû, ses droits contre le coobligé ou la caution.— Le coobligé ou la caution qui aura fait le paiement partiel sera compris dans la même masse pour tout ce qu il aura payé à la décharge du failli. (N. 2028.)

545. Nonobstant le concordat, les créanciers conservent leur action pour la totalité de leur créance contre les coobligés du failli. (Com. 604 ; N. 1210.)

SECT. II — *Des créanciers nantis d'un gage, et des créanciers privilégiés sur les biens meubles.*

546. Les créanciers du failli qui seront valablement nantis de gages ne seront inscrits dans la masse que pour mémoire. (Com. 445, 508, 547 ; N. 2071, 2084.)

547. Les syndics pourront, à toute époque, avec l'autorisation du juge-commissaire, retirer les gages au profit de la faillite, en remboursant la dette. (Com. 443, 462.)

548. Dans le cas où le gage ne sera pas retiré par les syndics, s'il est vendu par le créancier moyennant un prix qui excède la créance, le surplus sera recouvré par les syndics ; si le prix est moindre que la créance, le créancier nanti viendra à contribution pour le surplus, dans la masse, comme créancier ordinaire. (Com. 552, 555.)

549. Le salaire acquis aux ouvriers employés directement par le failli, pendant le mois qui aura précédé la déclaration de faillite, sera admis au nombre des créances privilégiées, au même rang que le privilége établi par l'article 2101 du Code Napoléon pour le salaire des gens de service.— Les salaires dus aux commis pour les six mois qui auront précédé la déclaration de faillite seront admis au même rang.

550. Le privilège et le droit de revendication établis par le n° 4 de l'art. 2102 du Code Napoléon au profit du vendeur d'effets mobiliers, ne seront point admis en cas de faillite. (N. 486, 574.)

551. Les syndics présenteront au juge-commissaire l'état des créanciers se prétendant privilégiés sur les biens meubles, et le juge-commissaire autorisera, s'il y a lieu, le paiement de ces créanciers sur les premiers deniers rentrés.— Si le privilège est contesté, le tribunal prononcera.

SECT. III.— *Des droits des créanciers hypothécaires et privilégiés sur les immeubles.*

552. Lorsque la distribution du prix des immeubles sera faite antérieurement à celle du prix des biens meubles, ou simultanément, les créanciers privilégiés ou hypothécaires, non remplis sur le prix des immeubles, concourront, à proportion de ce qui leur restera dû, avec les créanciers chirographaires, sur les deniers appartenant à la masse chirographaire, pourvu toutefois que leurs créances aient été vérifiées et affirmées suivant les formes ci-dessus établies. (Com. 497, 565, 571.)

553. Si une ou plusieurs distributions de deniers mobiliers précèdent la distribution du prix des immeubles, les créanciers privilégiés ou hypothécaires vérifiés et affirmés concourront aux répartitions dans la proportion de leurs créances totales, et sauf, le cas échéant, les distractions dont il sera parlé ci-après. (Com. 503, 524, 565.)

554. Après la vente des immeubles et le règlement définitif de l'ordre entre les créanciers hypothécaires et privilégiés, ceux d'entre eux qui viendront en ordre utile sur le prix des immeubles pour la totalité de leur créance ne toucheront le montant de leur collocation hypothécaire que sous la déduction des sommes par eux perçues dans la masse chirographaire. — Les sommes ainsi déduites ne resteront point dans la masse hypothécaire, mais retourneront à la masse chirographaire, au profit de laquelle il en sera fait distraction. (Com. 501, 553, 555.)

555. A l'égard des créanciers hypothécaires qui ne seront colloqués que partiellement dans la distribution du prix des immeubles, il sera procédé comme il suit : leurs droits sur la masse chirographaire seront définitivement réglés d'après les sommes dont ils resteront créanciers après leur collocation immobilière, et les deniers qu'ils auront touchés au-delà de cette proportion, dans la distribution antérieure, leur seront retenus sur le montant de leur collocation hypothécaire, et reversés dans la masse chirographaire. (Com. 501.)

556. Les créanciers qui ne viennent point en ordre utile seront considérés comme chirographaires, et soumis comme tels aux effets du concordat et de toutes les opérations de la masse chirographaire. (Com. 501, 509, 516.)

SECT. IV. — *Des droits des femmes.*

557. En cas de faillite du mari, la femme dont les apports en immeubles ne se trouvaient pas mis en communauté reprendra en nature les dits immeubles et ceux qui lui seront survenus par succession ou par donation entre-vifs ou testamentaire. (Com. 69, 552, 558.)

558. La femme reprendra pareillement les immeubles acquis par elle et en son nom des deniers provenant des dites successions et donations, pourvu que la déclaration d'emploi soit expressément stipulée au contrat d'acquisition, et que l'origine des deniers soit constatée par inventaire ou par tout autre acte authentique. (Com. 557, 559.)

559. Sous quelque régime qu'ait été formé le contrat de mariage, hors le cas prévu par l'article précédent, la présomption légale est que les biens acquis par la femme du failli appartiennent à son mari, ont été payés de ses deniers, et doivent être réunis à la masse de son actif, sauf à la femme à fournir la preuve du contraire. (Com. 562.)

560. La femme pourra reprendre en nature les effets mobiliers qu'elles s'est constitués en contrat de mariage, ou qui lui sont advenus par succession, donation entre-vifs ou testamentaire, et qui ne seront pas entrés en communauté, toute les fois que l'identité en sera prouvée par inventaire ou tout autre acte authentique. — A défaut, par la femme, de faire cette preuve, tous les effets mobiliers, tant à l'usage du mari qu'à celui de la femme, sous quelque régime qu'ait été contracté le mariage, seront acquis aux créanciers, sauf aux syndics à lui remettre, avec l'autorisation du juge-commissaire, les habits et linge nécessaire à son usage. (Com. 486, 557, 559, 562, 563.)

561. L'action en reprise résultant des dispositions des articles 557 et 558 ne sera exercée par la femme qu'à la charge des dettes et hypothèques dont les biens sont légalement grevés, soit que la femme s'y soit obligée volontairement, soit qu'elle y ait été condamnée. (Com. 445, 563.)

562. Si la femme a payé des dettes pour son mari, la présomption légale est qu'elle l'a fait des deniers de celui-ci, et elle ne pourra, en conséquence, exercer aucune action dans la faillite, sauf la preuve contraire, comme il est dit à l'article 559. (Com. 560.)

563. Lorsque le mari sera commerçant au moment de la célébration du mariage, ou lorsque, n'ayant pas alors d'autre profession déterminée, il sera devenu commerçant dans l'année, les immeubles qui lui appartiendraient à l'époque de la célébration du mariage, ou qui lui seraient advenus depuis, soit par succession, soit par donation entre-vifs ou testamentaire, seront seuls soumis à l'hypothèque de la femme : — 1° Pour les deniers et effets mobiliers qu'elle aura apportés en dot, ou qui lui seront advenus depuis le mariage par succession ou donation entre vifs ou testamentaire, et dont elle prouvera la délivrance ou le paiement par acte ayant date certaine ; 2° pour l'emploi de ses biens aliénés pendant le mariage ; 3° pour l'indemnité des dettes par elle contractées avec son mari. (Com. 560, 564; N. 2121.)

564. La femme dont le mari était commerçant à l'époque de la célébration du mariage, ou dont le mari, n'ayant pas alors d'autre profession déterminée, sera devenu commerçant dans l'année qui suivra cette célébration, ne pourra exercer dans la faillite aucune action à raison des avantages portés au contrat de mariage, et, dans ce cas, les créanciers ne pourront, de leur côté, se prévaloir des avantages faits par la femme au mari dans ce même contrat. (Com. 563.)

CHAP. VIII. — DE LA RÉPARTITION ENTRE LES CRÉANCIERS, ET DE LA LIQUIDATION DU MOBILIER.

565. Le montant de l'actif mobilier, distraction faite des frais et dépenses de l'administration de la faillite, des secours qui auraient été accordés au failli ou à sa famille, et des sommes payées aux créanciers privilégiés, sera réparti entre tous les créanciers au marc le franc de leurs créances vérifiées et affirmées. (Com. 486, 503, 524, 553.)

566. A cet effet, les syndics remettront tous les mois, au juge-commissaire, un état de situation de la faillite et des deniers déposés à la caisse des dépôts et consignations ; le juge-commissaire ordonnera, s'il y a lieu, une répartition entre les créanciers, en fixera la quotité, et veillera à ce que tous les créanciers en soient avertis. (Com. 462, 489, 568, 569.)

567. Il ne sera procédé à aucune répartition entre les créanciers domiciliés en France, qu'après la mise en réserve de la part correspondante aux créances pour lesquelles les créanciers domiciliés hors du territoire continental de la France seront portés sur le bilan. — Lorsque ces créances ne paraîtront pas portées sur le bilan d'une manière exacte, le juge-commissaire pourra décider que la réserve sera augmentée, sauf aux syndics à se pourvoir contre cette décision devant le tribunal de commerce. (Com. 522.)

568. Cette part sera mise en réserve et demeurera à la caisse des dépôts et consignations jusqu'à l'expiration du délai déterminé par le dernier paragraphe de l'article 492 ; elle sera répartie entre les créanciers reconnus, si les créanciers domiciliés en pays étranger n'ont pas fait vérifier leurs créances, conformément aux dispositions de la présente loi. — Une pareille réserve sera faite pour raison de créances sur l'admission desquelles il n'aurait pas été statué définitivement. (Com. 491, 492, 555.)

569. Nul paiement ne sera fait par les syndics que sur la représentation du titre constitutif de la créance. — Les syndics mentionneront sur le titre la somme payée par eux ou ordonnancée conformément à l'article 489. — Néanmoins, en cas d'impossibilité de représenter le titre, le juge-commissaire pourra autoriser le paiement sur le vu du procès-verbal de vérification. — Dans tous les cas, le créancier donnera la quittance en marge de l'état de répartition. (Com. 491, 495, 556.)

570. L'union pourra se faire autoriser par le tribunal de commerce, le failli dûment appelé, à traiter à forfait de tout ou partie des droits et actions dont le recouvrement n'aurait pas été opéré, et à les aliéner; en ce cas, les syndics feront tous les actes nécessaires. — Tout créancier pourra s'adresser au juge-commissaire pour provoquer une délibération de l'union à cet égard. (Com. 504, 529.)

CHAP. IX. — DE LA VENTE DES IMMEUBLES DU FAILLI.

571. A partir du jugement qui déclarera la faillite, les créanciers ne pourront poursuivre l'expropriation des immeubles sur lesquels ils n'auront pas d'hypothèques. (Com. 443, 534, 539, 552, 557, 563, 572.)

572. S'il n'y a pas de poursuite en expropriation des inmeubles commencée avant l'époque de l'union, les syndics seuls seront admis à poursuivre la vente ; ils seront tenus d'y procéder dans la huitaine, sous l'autorisation du juge-commissaire, suivant les formes prescrites pour la vente des biens des mineurs. (Com. 443, 534 ; Pr. 957.)

573. La surenchère, après adjudication des immeubles du failli sur la poursuite des syndics, n'aura lieu qu'aux conditions et dans les formes suivantes : — La surenchère devra être faite dans la quinzaine. — Elle ne pourra être au-dessous du dixième du prix principal de l'adjudication. Elle sera faite au greffe du tribunal civil, suivant les formes prescrites par les articles 710, et 711 du Code de procédure civile, toute personne sera admise à surenchérir. — Toute personne sera également admise à concourir à l'adjudication par suite de surenchère. Cette adjudication demeurera définitive et ne pourra être suivie d'aucune autre surenchère. (N. 2185.)

CHAP. X. — DE LA REVENDICATION.

574. Pourront être revendiquées, en cas de faillite, les remises en effets de commerce ou autres titres non encore payés, et qui se trouveront en nature dans le portefeuille du failli à l'époque de sa faillite, lorsque ces remises auront été faites par le propriétaire avec le simple mandat d'en faire le recouvrement et d'en garder la valeur à sa disposition, ou lorsqu'elles auront été, de sa part, spécialement affectées à des paiements déterminés. (Com. 110, 138, 187, 437, 444, 550.)

575. Pourront être également revendiquées, aussi longtemps qu'elles existeront en nature, en tout ou en partie, les marchandises consignées au failli à titre de dépôt, ou pour être vendues pour le compte du propriétaire. — Pourra même être revendiquée le prix ou la partie du prix desdites marchandises qui n'aura été ni payé, ni réglé en valeur, ni compensé en compte-courant entre le failli et l'acheteur. (Com. 93, 437.)

576. Pourront être revendiquées les marchandises expédiées au failli, tant que la tradition n'en aura point été effectuée dans ses magasins, ou dans ceux du commissionnaire chargé de les vendre pour le compte du failli. — Néanmoins la revendication ne sera pas recevable, si avant leur arrivée, les marchandises ont été vendues sans fraude, sur factures et connaissements ou lettres de voiture signées par l'expéditeur. — Le revendiquant sera tenu de rembourser à la masse les à-compte par lui reçus, ainsi que toutes avances faites pour fret ou voiture, commission, assurances, ou autres frais, et de payer les sommes qui seraient dues pour mêmes causes. (Com. 91, 101, 102, 109, 281, 286, 332 ; N. 2102.)

577. Pourront être retenues par le vendeur les marchandises, par lui vendues, qui ne seront pas délivrées au failli, et qui n'auront pas encore été expédiées, soit à lui soit à un tiers pour son compte. (N. 1612, 1613.)

578. Dans le cas prévu par les deux articles précédents, et sous l'autorisation du juge-commissaire, les syndics auront la faculté d'exiger la livraison des marchandises, en payant au vendeur le prix convenu entre lui et le failli. (N. 1122, 1184, 1650.)

579. Les syndics pourront, avec l'approbation du juge-commissaire, admettre les demandes en revendication : s'il y a contestation, le tribunal prononcera après avoir entendu le juge-commissaire. (Com. 635.)

CHAP. XI. — DES VOIES DE RECOURS CONTRE LES JUGEMENTS RENDUS EN MATIÈRE DE FAILLITE

580. Le jugement déclaratif de la faillite, et celui qui fixera à une date antérieure l'époque de la cessation de paiements, seront susceptibles d'opposition, de la part du failli, dans la huitaine, et de la part de tout autre partie intéressée, pendant un mois. Ces délais courront à partir des jours où les formalités de l'affiche et de l'insertion énoncées dans l'article 442 auront été accomplies. (Com. 440, 441, 442 ; Pr. 149.)

581. Aucune demande des créanciers tendant à faire fixer la date de la cessation des paiements à une époque autre que celle qui résulterait du jugement déclaratif de faillite, ou d'un jugement postérieur, ne sera recevable après l'expiration des délais pour la vérification et l'affirmation des créances. Ces délais expirés, l'époque de la cessation de paiements demeurera irrévocablement déterminée à l'égard des créanciers. (Com. 497.)

582. Le délai d'appel, pour tout jugement rendu en matière de faillite, sera de quinze jours seulement à compter de la signification. — Ce délai sera augmenté à raison d'un jour par cinq myriamètres pour les parties qui seront domiciliées à une distance excédant cinq myriamètres du lieu où siége le tribunal. (Pr. 443, 1033.)

583. Ne seront susceptibles ni d'opposition, ni de recours en cassation : — 1° les jugements relatifs à la nomination ou au remplacement du juge-commissaire, à la nomination ou à la révocation des syndics ; — 2° Les jugements qui statuent sur les demandes de sauf-conduit et sur celles de secours pour le failli et sa famille ; — 3° Les jugements qui autorisent à vendre les effets ou marchandises appartenant à la faillite ; — 4° Les jugements qui prononcent sursis au concordat, ou admission provisionnelle de créanciers contestés ; — 5° Les jugements par lesquels le tribunal de commerce statue sur les recours formés contre les ordonnances rendues par le juge-commissaire dans les limites de ses attributions. (Com. 472, 486, 499, 500, 510, 530.)

TITRE II

DES BANQUEROUTES

CHAP. Ier. — DE LA BANQUEROUTE SIMPLE

584. Les cas de banqueroute simple seront punis des peines portées au Code pénal, jugés par les tribunaux de police correctionnelle, sur la poursuite des syndics, de tout créancier, ou du ministère public. (Com. 89, 459, 482, 483, 511, 591, 602, 612 ; I. cr. 179 ; Pén. 402.)

585. Sera déclaré banqueroutier simple tout commerçant failli qui se trouvera dans un des cas suivants : — 1° Si ses dépenses personnelles ou les dépenses de sa maison sont jugées excessives ; — 2° S'il a consommé de fortes sommes, soit à des opérations de pur hasard, soit à des opérations fictives de bourse ou sur marchandises ; — 3° Si, dans l'intention de retarder sa faillite, il a fait des achats pour revendre au-dessous du cours ; si, dans la même intention, il s'est livré à des emprunts, circulation d'effets, ou autres moyens ruineux de se procurer des fonds ; — 4° Si, après cessation de ses paiements, il a payé un créancier au préjudice de la masse. (Pén. 419.)

586. Pourra être déclaré banqueroutier simple

tout commerçant failli qui se trouvera dans un de ces cas suivants : — 1° S'il a contracté, pour le compte d'autrui sans recevoir des valeurs en échange, des engagements jugés trop considérables eu égard à sa situation lorsqu'il les a contractés ; — 2° S'il est de nouveau déclaré en faillite sans avoir satisfait aux obligations d'un précédent concordat ; — 3° Si, étant marié sous le régime dotal, ou séparé de biens, il ne s'est pas conformé aux articles 69 et 70 ; — 4° Si, dans les trois jours de la cessation de ses paiements, il n'a pas fait au greffe la déclaration exigée par les articles 438 et 439, ou si cette déclaration ne contient pas les noms de tous les associés solidaires ; — 5° Si, sans empêchement légitime, il ne s'est pas présenté en personne aux syndics dans les cas et dans les délais fixés, ou si, après avoir obtenu un sauf conduit, il ne s'est pas représenté en justice ; — 6° S'il n'a pas tenu de livres et fait exactement inventaire ; si ses livres ou inventaire sont incomplets ou irrégulièrement tenus, ou s'ils n'offrent pas sa véritable situation active et passive, sans néanmoins qu'il y ait fraude. (Com. 8, 69, 437, 458, 471, 487, 505.)

587. Les frais de poursuite en banqueroute simple intentée par le ministère public, ne pourront, en aucun cas, être mis à la charge de la masse. — En cas de concordat, le recours du Trésor public contre le failli pour ses frais ne pourra être exercé qu'après l'expiration des termes accordés par ce traité. (Com. 461.)

588. Les frais de poursuite intentée par les syndics, au nom des créanciers, seront supportés, s'il y a acquittement, par la masse, et s'il y a condamnation, par le Trésor public, sauf son recours contre le failli, conformément à l'article précédent.

589. Les syndics ne pourront intenter de poursuite en banqueroute simple, ni se porter partie civile au nom de la masse, qu'après y avoir été autorisés par une délibération prise à la majorité individuelle des créanciers présents. (Com. 443, 462, 584, 592.)

590. Les frais de poursuite intentée par un créancier seront supportés, s'il y a condamnation par le Trésor public ; s'il y a acquittement, par le créancier poursuivant. (Com. 461, 587.)

CHAP. II. — DE LA BANQUEROUTE FRAUDULEUSE

591. Sera déclaré banqueroutier frauduleux, et puni des peines portées au Code pénal, tout commerçant failli qui aura soustrait ses livres, détourné ou dissimulé une partie de son actif, ou qui, soit dans ses écritures, soit par des actes publics ou des engagements sous signature privée, soit par son bilan, se sera frauduleusement reconnu débiteur de sommes qu'il ne devait pas. (Com. 89, 439, 458, 510, 520, 540, 584 ; Pén. 402.)

592. Les frais de poursuite en banqueroute frauduleuse ne pourront, en aucun cas, être mis à la charge de la masse. — Si un ou plusieurs créanciers se sont rendus partie civile en leur nom personnel, les frais, en cas d'acquittement, demeureront à leur charge. (Com. 589.)

CHAP. III. — DES CRIMES ET DES DÉLITS COMMIS DANS LES FAILLITES PAR D'AUTRES QUE PAR LES FAILLIS.

593. Seront condamnés aux peines de la banqueroute frauduleuse : — 1° Les individus convaincus d'avoir, dans l'intérêt du failli, soustrait, recélé ou dissimulé tout ou partie de ses biens, meubles ou immeubles ; le tout sans préjudice des autres cas prévus par l'article 60 du Code pénal ; — 2° Les individus convaincus d'avoir frauduleusement présenté et affirmé dans la faillite, soit en leur nom, soit par interposition de personnes, des créances supposées ; — 3° Les individus qui, faisant le commerce sous le nom d'autrui ou sous un nom supposé, se seront rendus coupables de faits prévus en l'article 591. (Com. 457, 497, 560, 520, 540, 592, 594, 595, 601, 612 ; Pén. 402, 403.)

594. Le conjoint, les descendants ou les ascendants du failli, ou ses alliés aux mêmes degrés, qui auraient détourné, diverti ou recélé des effets appartenant à la faillite, sans avoir agi de complicité avec le failli, seront punis des peines du vol. (Com. 457, 593, 595 ; Pr. 400, 401.)

595. Dans les cas prévus par les articles précédents, la Cour ou le tribunal saisis statueront, lors même qu'il y aurait acquittement, 1° d'office sur la réintégration à la masse des créanciers de tous biens, droits ou actions frauduleusement soustraits ; 2° sur les dommages-intérêts qui seraient demandés, et que le jugement ou l'arrêt arbitrera. (Com. 472.)

596. Tout syndic qui se sera rendu coupable de malversation dans sa gestion sera puni correctionnellement des peines portées en l'article 406 du Code pénal. (Com. 462, 597.)

597. Le créanciers qui aura stipulé, soit avec le failli, soit avec toutes autres personnes, des avantages particuliers à raison de son vote dans les délibérations de la faillite, ou qui aura fait un traité particulier duquel résulterait en sa faveur un avantage à la charge de l'actif du failli, sera puni correctionnellement d'un emprisonnement qui ne pourra exéder une année, et une amende qui ne pourra être au-dessus de deux mille francs. — L'emprisonnement pourra être porté à deux ans si le créancier est syndic de la faillite.

598. Les conventions seront, en outre, déclarées nulles à l'égard de toutes personnes, et même à l'égard du failli. — Le créancier sera tenu de rapporter à qui de droit les sommes ou valeurs qu'il aura reçues en vertu des conventions annulées. (Com. 449)

599. Dans le cas où l'annulation des conventions serait poursuivie par la voie civile, l'action sera portée devant les tribunaux de commerce. (Com. 635.)

600. Tous arrêts et jugements de condamnation rendus, tant en vertu du présent chapitre que des deux chapitres précédents, seront affichés et publiés suivant les formes établies par l'article 42 du Code de commerce, aux frais des condamnés. (Com. 442.)

CHAP. IV. — DE L'ADMINISTRATION DES BIENS EN CAS DE BANQUEROUTE.

601. Dans tous les cas de poursuite et de condamnation pour banqueroute simple ou frauduleuse, les actions civiles autres que celles dont il est parlé dans l'article 595 resteront séparées, et toutes les dispositions relatives aux biens, prescrites pour la faillite, seront exécutées sans qu'elles puissent être attribuées ni évoquées aux tribunaux de police correctionnelle, ni aux cours d'assises. (Com. 584, 591, 631, 635.)

602. Seront cependant tenus, les syndics de la faillite, de remettre au ministère public les pièces, titres, papiers et renseignements qui leur seront demandés. (Com. 459, 482, 483, 603.)

603. Les pièces, titres et papiers délivrés par

les syndics seront, pendant le cours de l'instruction, tenus en état de communication par la voie du greffe; cette communication aura lieu sur la réquisition des syndics, qui pourront y prendre des extraits privés, ou en requérir d'authentiques, qui leur seront expédiés par le greffe. — Les pièces, titres et papiers dont le dépôt judiciaire n'aurait pas été ordonné seront, après l'arrêt ou le jugement, remis aux syndics, qui en donneront décharge. (Com. 491, 602 ; Pr. 189, 853.)

TITRE III

DE LA RÉHABILITATION

604. Le failli qui aura intégralement acquitté, en principal, intérêts et frais, toutes les sommes par lui dues, pourra obtenir sa réhabilitation. — Il ne pourra l'obtenir, s'il est l'associé d'une maison de commerce tombée en faillite, qu'après avoir justifié que toutes les dettes de la société ont été intégralement acquittées en principal, intérêts et frais, lors même qu'un concordat particulier lui aurait été consenti. (Com. 83, 438, 531, 608, 610, ! I cr. 619.)

605. Toute demande en réhabilitation sera adressée à la cour impériale dans le ressort de laquelle le failli sera domicilié. Le demandeur devra joindre à sa requête les quittances et autres pièces justificatives. (Com. 610.)

606. Le procureur général près la cour impériale, sur la communication qui lui aura été faite de la requête, en adressera des expéditions certifiées de lui au procureur impérial et au président du tribunal de commerce du domicile du demandeur, et si celui-ci a changé de domicile depuis la faillite, au procureur impérial et au président du tribunal de commerce de l'arrondissement où elle a eu lieu, en les chargeant de recueillir tous les renseignements qu'ils pourront se procurer sur la vérité des faits exposés. (Com. 609, 611.)

607. A cet effet, à la diligence tant du procureur impérial que du président du tribunal de commerce, copie de la dite requête restera affichée pendant un délai de deux mois, tant dans les salles d'audience de chaque tribunal qu'à la Bourse et à la maison commune, et sera insérée par extrait dans les papiers publics. (Com. 605, 609.)

608. Tout créancier qui n'aura pas été payé intégralement de sa créance en principal, intérêts et frais, et toute autre partie intéressée, pourra, pendant la durée de l'affiche, former opposition à la réhabilitation par simple acte au greffe, appuyé des pièces justificatives. Le créancier opposant ne pourra jamais être partie dans la procédure de réhabilitation. (Com. 604, 610.)

609. Après l'expiration de deux mois, le procureur impérial et le président du tribunal de commerce transmettront, chacun séparément, au procureur général près la cour impériale, les renseignements qu'ils auront recueillis et les oppositions qui auront pu être formées. Ils y joindront leur avis sur la demande. (Com. 606, 608.)

610. Le procureur général près la cour impériale fera rendre arrêt portant admission ou rejet de la demande en réhabilitation. Si la demande est rejetée, elle ne pourra être reproduite qu'après une année d'intervalle. (Com. 604, 606, 611.)

611. L'arrêt portant réhabilitation sera transmis aux procureurs impériaux et aux présidents des tribunaux auxquels la demande aura été adressée. Ces tribunaux en feront faire la lecture publique et la transcription sur leurs registres.

612. Ne seront point admis à la réhabilitation les banqueroutiers frauduleux, les personnes condamnées pour vol, escroqueries ou abus de confiance, les stellionataires, ni les tuteurs, administrateurs ou autres comptables qui n'auront pas rendu et soldé leurs comptes. — Pourra être admis à la réhabilitation le banqueroutier simple qui aura subi la peine à laquelle il aura été condamné. (Com. 591 ; N. ; 2.059 Pr. 132, 905 ; P. 379, 408.)

613. Nul commerçant failli ne pourra se présenter à la Bourse, à moins qu'il n'ait obtenu sa réhabilitation. (Com. 71, 604, 611.)

614. Le failli pourra être réhabilité après sa mort. (Com. 437, 478, 481.)

LIVRE QUATRIÈME
De juridiction commerciale
(Loi décrétée le 14 septembre 1807. — Promulguée le 24.)

TITRE 1er
DE L'ORGANISATION DES TRIBUNAUX DE COMMERCE

615. Un règlement d'administration publique déterminera le nombre des tribunaux de commerce, et les villes qui seront susceptibles d'en recevoir par l'étendue de leur commerce et de leur industrie. (Com. 640, 641, 642, 645.)

616. L'arrondissement de chaque tribunal de commerce sera le même que celui du tribunal civil dans le ressort duquel il sera placé ; et s'il se trouve plusieurs tribunaux de commerce dans le ressort d'un seul tribunal civil, il leur sera assigné des arrondissements particuliers.

617. Chaque tribunal de commerce sera composé d'un président, de juges et de suppléants. Le nombre des juges ne pourra pas être au-dessous de deux, ni au-dessus de quatorze, non compris le président. Le nombre des suppléants sera proportionné au besoin du service. Un règlement d'administration publique fixera, pour chaque tribunal, le nombre des juges et celui des suppléants. (Com. 618, 646).

618. Les membres des tribunaux de commerce seront élus dans une assemblée composée de commerçants notables, et principalement des chefs des maisons les plus anciennes et les plus recommandables par la probité, l'esprit d'ordre et d'économie. (Com. 1.)

619. La liste des notables sera dressée, sur tous les commerçants de l'arrondissement, par le préfet, et approuvée par le ministre de l'intérieur : leur nombre ne peut être au-dessous de vingt-cinq dans les villes où la population n'excède pas quinze mille âmes ; dans les autres villes, il doit être augmenté à raison d'un électeur pour mille âmes de population.

620. Tout commerçant pourra être nommé juge ou suppléant, s'il est âgé de trente ans, s'il exerce le commerce avec honneur et distinction depuis cinq ans. Le président devra être âgé de quarante ans, et ne pourra être choisi que parmi les anciens juges, y compris ceux qui ont exercé dans les tribunaux actuels, et même les anciens juges-consuls des marchands.

621. L'élection sera faite au scrutin individuel, à la pluralité absolue des suffrages ; et lorsqu'il s'agira d'élire le président, l'objet spécial de cette élection sera anoncé avant d'aller au scrutin.

622. A la première élection, le président et la moitié des juges et des suppléants dont le tribunal sera composé : seront nommés pour deux ans : la seconde moitié des juges et des suppléants sera nommée pour un an : aux élections postérieures, toutes les nominations seront faites pour deux ans.

Tous les membres compris dans une même élection seront soumis simultanément au renouvellement périodique, encore bien que l'institution de l'un ou de plusieurs d'entre eux ait été différée.

623. Le président et les juges, sortant d'exercice après deux années, pourront être réélus immédiatement pour deux autres années. Cette nouvelle période expirée, ils ne seront éligibles qu'après un an d'intervalle.

Tout membre élu en remplacement d'un autre, par suite de décès ou de toute autre cause, ne demeurera en exercice que pendant la durée du mandat confié à son prédécesseur.

624. Il y aura près de chaque tribunal un greffier et des huissiers nommés par l'Empereur ; leurs droits, vacations et devoirs, seront fixés par un règlement d'administration publique.

625. Il sera établi, pour la ville de Paris seulement, des gardes du commerce pour l'exécution des jugements emportant la contrainte par corps : la forme de leur organisation et leurs attributions seront déterminées par un règlement particulier. (Pr. 780.)

626. Les jugements, dans les tribunaux de commerce, seront rendus par trois juges au moins ; aucun suppléant ne poura être appelé que pour compléter ce nombre.

627. Le ministère des avoués est interdit dans les tribunaux de commerce, conformément à l'article 414 du Code de procédure civile ; nul ne pourra plaider pour une partie devant ces tribunaux, si la partie présente à l'audience ne l'y autorise, ou s'il n'est muni d'un pouvoir spécial. Ce pouvoir, qui pourra être donné au bas de l'original ou de la copie de l'assignation, sera exhibé au greffier avant l'appel de la cause, et par lui visé sans frais.

Dans les causes portées devant les tribunaux de commerce, aucun huissier ne pourra, ni assister comme conseil, ni représenter les parties en qualité de procureur fondé, à peine d'une amende de vingt-cinq à cinquante francs, qui sera prononcée, sans appel, par le tribunal, sans préjudice des peines disciplinaires contre les huissiers contrevenants.

Cette disposition n'est pas applicable aux huissiers qui se trouveront dans l'un des cas prévus par l'article 86 du Code de procédure civile.

628. Les fonctions des juges de commerce sont seulement honorifiques.

629. Ils prêtent serment avant d'entrer en fonctions, à l'audience de la cour impériale, lorsqu'elle siége dans l'arrondissement communal où le tribunal de commerce est établi : dans le cas contraire, la cour impériale commet, si les juges de commerce le demandent, le tribunal civil de l'arrondissement pour recevoir leur serment ; et, dans ce cas, le tribunal en dresse procès-verbal, et l'envoie à la cour impériale, qui en ordonne l'insertion dans ses registres. Ces formalités sont remplies sur les conclusions du ministère public et sans frais. (Com. 16, 621 ; Pr. 83, 1035.)

630. Les tribunaux de commerce sont dans les attributions et sous la surveillance du ministre de la justice.

TITRE II

DE LA COMPÉTENCE DES TRIBUNAUX DE COMMERCE

631. Les tribunaux de commerce connaîtront, — 1° De toutes contestations relatives aux engagements et transactions entre négociants, marchands et banquiers ; — 2° Entre toutes personnes, des contestations relatives aux actes de commerce. (Com. 1, 632 ; Pr. 442.)

632. La loi répute actes de commerce, — Tout achat de denrées et marchandises pour les revendre, soit en nature, soit après les avoir travaillées et mises en œuvre, ou même pour en louer simplement l'usage ; — Toute entreprise de manufactures, de commission, de transport par terre ou par eau ; — Toute entreprise de fournitures, d'agences, bureaux d'affaires, établissements de ventes à l'encan, de spectacles publics ; — Toute opération de change, banque et courtage ; — Toutes les opérations des banques publiques ; — Toutes les obligations entre négociants, marchands et banquiers ; — Entre toutes personnes, les lettres de change, ou remise d'argent faite de place en place. (Com. 110, 631, 633, 636.)

633. La loi répute pareillement actes de commerce, — Toute entreprise de construction et tous achats, ventes et reventes de bâtiments pour la navigation intérieure et extérieure ; — Toutes expéditions maritimes ; — Tout achat ou vente d'agrès, apparaux et avitaillements ; — Tout affrètement ou nolissement, emprunt ou prêt à la grosse ; toutes assurances et autres contrats concernant le commerce de mer ; — Tous accords et conventions pour salaires et loyers d'équipages ; — Tous engagements de gens de mer, pour le service de bâtiments de commerce. (Com. 190, 195, 221, 226, 230, 250, 273, 286, 311, 332.)

634. Les tribunaux de commerce connaîtront également ; — 1° Des actions contre les facteurs, commis des marchands ou leurs serviteurs, pour le fait seulement du trafic du marchand auquel ils sont attachés ; — 2° Des billets faits par les receveurs, payeurs, percepteurs ou autres comptables des deniers publics.

635. Les tribunaux de commerce connaîtront de tout ce qui concerne les faillites, conformément à ce qui est prescrit au livre troisième du présent Code.

636. Lorsque les lettres de change ne seront réputées que simples prommesses, aux termes de l'article 112, ou lorsque les billets à ordre ne porteront que des signatures d'individus non négociants, et n'auront pas pour occasion des opérations de commerce, trafic, change, banque ou courtage, le tribunal de commerce sera tenu de renvoyer au tribunal civil, s'il en est requis par le défendeur. (Com. 110, 187, 637 ; Pr. 168.)

637. Lorsque ces lettres de change et ces billets à ordre porteront en même temps des signatures d'individus négociants et d'individus non négociants, le tribunal de commerce en connaîtra ; mais il ne pourra prononcer la contrainte par corps contre les individus non négociants, à moins qu'ils ne se soient engagés à l'occasion d'opérations de commerce, trafic, change, banque ou courtage. (Com. 632, 634 ; N. 2063 ; Pr. 126.)

638. Ne seront point de la compétence des tribunaux de commerce les actions intentées contre un propriétaire cultivateur ou vigneron, pour vente de denrées provenant de son crû, les actions intentées contre un commerçant, pour paiement de denrées et marchandises achetées pour son usage particulier. —

Néanmoins les billets souscrits par un commerçant seront censés faits pour son commerce, et ceux des receveurs, payeurs, percepteurs ou auteurs comptables de deniers publics, seront censés faits pour leur gestion, lorsqu'une autre cause n'y sera point énoncée. (Com. 1, 110, 112, 187, 632, 634, 636, 737.

639. Les tribunaux de commerce jugeront en dernier ressort, — 1° toutes les demandes dans lesquelles les parties justiciables de ces tribunaux, et usant de leurs droits, auront déclaré vouloir être jugées définitivement et sans appel : — 2° toutes les demandes dont le principal n'excèdera pas la valeur de quinze cents francs, — 3° les demandes reconventionnelles ou en compensation, lors même que, réunies à la demande principales elles excéderaient quinze cents francs — Si l'une des demandes principale ou reconventionnelle s'élève au-dessus des limites ci-dessus indiquées, le tribunal ne prononcera sur toutes qu'en premier ressort.

Néanmoins il sera statué en dernier ressort sur les demandes en dommages-intérêts, lorsqu'elles seront fondées exclusivement sur la demande principale elle-même.

640. Dans les arrondissements où il n'y aura pas de tribunaux de commerce, les juges du tribunal civil exerceront les fonctions et connaîtront des matières attribuées aux juges de commerce par la présente loi.

641. L'instruction, dans ce cas, aura lieu dans la même forme que devant les tribunaux de commerce, et les jugements produiront les mêmes effets.

TITRE III

DE LA FORME DE PROCÉDER DEVANT LES TRIBUNAUX DE COMMERCE

642. La forme de procéder devant les tribunaux de commerce sera suivie telle qu'elle a été réglée par le titre XXV du livre II de la 1re partie du Code de procédure civile.

643. Néanmoins les articles 156, 158 et 159 du même Code, relatifs aux jugements par défaut rendus par les tribunaux inférieurs, seront applicables aux jugements par défaut rendus par les tribunaux de commerce.

644. Les appels des jugements de tribunaux de commerce seront portés par devant les cours dans le ressort desquelles ces tribunaux sont situés. (Com. 645 ; Pr. 443, s.)

TITRE IV

DE LA FORME DE PROCÉDER DEVANT LES COURS IMPÉRIALES

645. Le délai pour interjeter appel des jugements des tribunaux de commerce sera de trois mois, à compter du jour de la signification du jugement, pour ceux qui auront été rendus contradictoirement, et du jour de l'expiration du délai de l'opposition, pour ceux qui auront été rendus par défaut : l'appel pourra être interjeté le jour même du jugement. (Pr. 68, 147, 156, 158, s., 414, 420, 443, s.)

646. Dans les limites de la compétence fixée par l'article 639 pour le dernier ressort, l'appel ne sera pas reçu, encore que le jugement n'énonce pas qu'il est rendu en dernier ressort, et même qu'il énoncerait qu'il est rendu à la charge d'appel. (Pr. 483.)

647. Les cours impériales ne pourront en aucun cas, à peine de nullité, et même des dommages et intérêts des parties, s'il y a lieu, accorder des défenses ni surseoir à l'exécution des jugements des tribunaux de commerce, quand même ils seraient attaqués d'incompétence ; mais elles pourront, suivant l'exigence des cas, accorder la permission de citer extraordinairement à jour et à heure fixes, pour plaider sur l'appel. (Pr. 126, 128, 439, s., 440, 505.)

648. Les appels des jugements des tribunaux de commerce seront instruits et jugés dans les cours, comme appels de jugements rendus en matière sommaire. La procédure, jusques et y compris l'arrêt définitif, sera conforme à celle qui est prescrite, pour les causes d'appel en matière civile, au livre III. de la 1re partie du Code de procédure civile. (Pr. 404, 443, s., 463, s.)

COMPLÉMENT DU CODE DE COMMERCE

6 thermidor an 3 (1re série, no 974) (Art. 161, C. com.).
— Loi qui autorise le dépôt du montant des billets à ordre ou autres effets négociables, dont le porteur ne se sera pas présenté dans les trois jours qui suivront celui de l'échéance.

Art. 1er. Tout porteur de billet à ordre, lettre de change, billet au porteur ou autre effet négociable, dont le porteur ne se sera pas présenté dans les trois jours qui suivront celui de l'échéance, est autorisé à déposer la somme portée au billet, aux mains du receveur de l'enregistrement, dans l'arrondissement duquel l'effet est payable.

2. L'acte de dépôt contiendra la date du billet, et celle de l'échéance et le nom de celui au bénéfice duquel il aura été originairement fait.

3. Le dépôt consommé, le débiteur ne sera tenu qu'à remettre l'acte de dépôt en échange du billet.

4. La somme déposée sera remise à celui qui représentera l'acte de dépôt, sans autre formalité que celle de la remise d'icelui, et de la signature du porteur sur le registre du receveur.

5. Si le porteur ne sait pas écrire, il en sera fait mention sur le registre.

6. Les droits attribués aux receveurs de l'enregistrement pour les présents dépôts, sont fixés à un pour cent. Ils sont dus par le porteur du billet.

---

20 vendémiaire an 4 (1re série, no 1165) (Art. 73, C. com.). — Loi portant que le cours du change, et celui de l'or et de l'argent, soit monnayés, soit en barres, seront réglés chaque jour à l'issue de la bourse.

Art. 1er. Le cours du change et celui de l'or et de l'argent, soit monnayés, soit en barres, seront réglés chaque jour à l'issue de la bourse.

2. Les comités des finances et de salut public, réunis, nommeront deux agents de change qui seront chargés de calculer ce cours, d'en déterminer la fixation et de l'afficher à la bourse dans lieux les plus apparents.

Tout autre agent qui se permettrait de publier un autre cours que celui légalement constaté, sera sur-le-champ destitué et puni de trois mois de détention.

30 frimaire an 14 (4e série, n° 1244) (Art. 143, C. com.) — Avis du conseil d'Etat sur la question de savoir si les lettres de change sont payables en billets de banque.

Le conseil d'Etat............................ est d'avis que la réponse à cette question ne peut souffrir aucune difficulté : le porteur d'une lettre de change a le droit d'exiger son paiement en numéraire. Les billets de Banque établis pour la commodité du commerce ne sont que de simple confiance.

15 septembre 1807 (4e série, n° 2805). — Loi qui fixe l'époque à laquelle le Code de commerce sera exécutoire.

1. Les dispositions du Code de commerce ne seront exécutées qu'à compter du 1er janvier 1808.

2. A dater dudit jour 1er janvier 1808, toutes les anciennes lois touchant les matières commerciales sur lesquelles il est statué par ledit Code, sont abrogées.

2 février 1808. (4e série, n° 3062) (Art. 620, C. com.). — Avis du conseil d'Etat sur le sens de l'art. 620 du Code de commerce, relatif à l'éligibilité aux places de juges.

Le conseil d'Etat est d'avis que les négociants retirés du commerce, et non livrés actuellement à d'autres professions, sont susceptibles d'être élus aux places mentionnées en l'article 620 du Code de commerce, s'ils ont exercé le Commerce pendant le temps prescrit, et s'ils remplissent d'ailleurs les autres conditions imposées par la loi.

14 mars 1808 (4ᵉ série, n° 3236). — Déc. impérial
concernant les gardes du commerce.

Art. 1ᵉʳ Le nombre des gardes du commerce qui doivent être établis dans le département de la Seine, pour l'exécution de la contrainte par corps, en conformité de l'art. 625 du Code de commerce, est fixé à dix. — Les fonctions des gardes de commerce sont à vie. — Ils seront nommés par l'Empereur.

2. Le tribunal de première instance et le tribunal de commerce présenteront chacun une liste de candidats en nombre égal à celui des gardes à nommer.

3. Le grand-juge ministre de la justice nommera un vérificateur, qui sera attaché au bureau des gardes du commerce.

4. Avant d'entrer en fonctions, le vérificateur et les gardes du commerce prêteront serment entre les mains du président du tribunal de 1ʳᵉ instance.

5. Le vérificateur et les gardes du commerce seront tenus de fournir chacun un cautionnement de six mille francs, lequel sera versé à la caisse d'amortissement.

6. Le bureau des gardes du commerce sera établi dans le centre de la ville de Paris. — Il sera ouvert tous les jours, depuis neuf heures du matin jusqu'à trois, et depuis six heures du soir jusqu'à neuf. — Les gardes du commerce seront tenus de s'y trouver alternativement, et aux jours nommés, pour le service réglé entre eux.

7. Les gardes du commerce sont chargés exclusivement de l'exécution des contraintes par corps, et ne pourront, en aucun cas, être suppléés par les huissiers et autres personnes quelconques. Ils pourront être commis par le tribunal de commerce à la garde des faillis, conformément à l'art. 455, livre III du Code de commerce.

8. Les gardes du commerce auront une marque distinctive en forme de baguette, qu'ils seront tenus d'exhiber aux débiteurs condamnés, lors de l'exécution de la contrainte.

9. Avant de procéder à la contrainte par corps, les titres et pièces seront remis au vérificateur, qui en donnera récépissé.

10. Tout débiteur dans le cas d'être arrêté pourra noti-

fier au bureau des gardes du commerce les oppositions ou appels, ou tous autres actes par lesquels il entend s'opposer à la contrainte prononcée contre lui — Le vérificateur visera l'original des significations.

11. Le vérificateur ne pourra remettre au garde du commerce les titres et pièces qu'après avoir vérifié qu'il n'est survenu aucun empêchement à l'exécution de la contrainte. — Il en donnera un certificat, qui sera annexé aux pièces. — En cas de difficultés, il en sera préalablement référé au tribunal qui doit en connaître.

12. Il sera tenu par le vérificateur deux registres, cotés et parafés par le président du tribunal de première instance. — Le premier contiendra, jour par jour et sans aucun blanc, la mention des titres et pièces remis pour les créances, des noms, qualités et demeures des poursuivants et débiteurs, et de la signification faite de l'arrêt, sentence ou jugement. — Le deuxième servira à inscrire les oppositions ou significations faites par le débiteur, lesquelles oppositions ou significations ne pourront être faites qu'au bureau des gardes du commerce.

13. Dans le cas où la notification faite, par le débiteur, d'un acte pouvant arrêter l'exercice de la contrainte, sera faite postérieurement à la remise des titres et pièces au garde du commerce, le vérificateur sera tenu d'en donner avis sur-le-champ au garde saisi des pièces, qui donnera reçu de cet avis, et sera obligé de surseoir à l'arrestation, jusqu'à ce qu'il en ait été autrement ordonné.

14. Si, lors de l'exercice de la contrainte, le débiteur offre de payer les causes de la contrainte, le garde du commerce chargé de faire l'arrestation recevra la somme offerte : mais, dans ce cas, il sera tenu de la remettre, dans les vingt-quatre heures, au créancier qui l'aura chargé ; et, à défaut par le créancier de la recevoir, quel que soit le motif, le garde déposera, dans les vingt-quatre heures suivantes, la somme reçue à la caisse d'amortissement.

15. (Abrogé et remplacé par la loi du 26 mars 1855. V. *inf.*)

16. En cas de rébellion prévu par l'art. 785, le garde chargé de l'arrestation en constatera la nature et les circonstances ; il pourra établir garnison aux portes, et partout où le débiteur pourrait trouver la facilité de s'évader ;

il pourra requérir la force armée qui ne pourra lui être refusée, et, en sa présence et avec son secours, procéder à l'arrestation

17. Si le débiteur arrêté allègue avoir déposé ou fait signifier au bureau des gardes, des pièces qu'il prétendait suffisantes pour suspendre l'arrestation, et qu'il ne justifie pas du récépissé du vérificateur pour la remise desdites pièces, ou de l'original desdites significations, visé par le même vérificateur, il sera passé outre à l'arrestation, sauf néanmoins le cas prévu dans l'art. 786 du Code judiciaire.

18. En exécution de l'art. 789, la consignation d'un mois d'aliments sera faite par le garde du commerce, qui cependant ne sera jamais tenu d'en faire l'avance et pourra surseoir à l'arrestation tant qu'il ne lui aura pas été remis de deniers suffisants pour effectuer ladite consignation.

19. En exécution de l'art. 793, seront observées, pour les recommandations, les mêmes formalités que pour les arrestations ordonnées par les art. 783, 784, 789. — Néanmoins le garde n'aura pas besoin de témoins ; et au lieu du procès-verbal d'arrestation, il donnera copie du procès-verbal de recommandation. — Le garde du commerce chargé de l'arrestation sera responsable de la nullité de son arrestation, provenant des vices de forme commis par lui. En conséquence, il tiendra compte aux créanciers, des frais relatifs à l'arrestation annulée. — Le vérificateur sera responsable du dommage-intérêt accordé au débiteur par suite d'erreur ou de fausse énonciation dans les certificats émanés de lui.

20, 21. (Abrogés par l'arrêté du 24 mars 1849, qui modifie le tarif des frais en matière de contrainte par corps. V. 2e partie, p. 354.)

22. Le tiers des droits attribués aux gardes du commerce par l'article 20, sera par chacun d'eux rapporté chaque semaine, et mis en bourse commune entre les les mains de celui d'entre eux qu'ils jugeront à propos de choisir, pour être ensuite partagé tous les trois mois, entre les gardes de commerce seulement.

23. Les salaires fixés par l'article 21 seront mis en bourse commune pour subvenir aux frais de bureau de toute nature.

24. Il sera prélevé sur cette bourse commune une

somme de trois mille francs pour le traitement annuel de vérificateur.

25. Après les prélèvements prescrits par les deux articles ci-dessus, le surplus sera partagé tous les trois mois, et par portions égales, entre le vérificateur et chacun des gardes du commerce.

26. Les fonds des bourses communes établies par les art. 22, et 23 ci-dessus, ne sera susceptible d'oppositions que pour fait de charge. — L'opposition ne durera que trois mois, après l'époque de la distribution, à moins qu'il n'en soit autrement ordonné par le tribunal.

27. Si une partie a des plaintes à former, pour lésion de ses intérêts, contre un garde du commerce, dans l'exercice de ses fonctions, elle pourra porter sa réclamation au bureau, qui vérifiera les faits, et fera réparer le dommage, s'il trouve la plainte fondée. Si la plainte a pour objet une prévarication du garde, le bureau dressera procès-verbal de l'accusation et des dires du plaignant et du garde accusé, lequel procès-verbal il sera tenu de remettre dans les vingt-quatre heures, au procureur impérial près le tribunal civil du département, pour par lui être pris tel parti qu'il avisera ; sans préjudice des diligences réservées à la partie lésée. — Sur les conclusions du procureur impérial, le tribunal pourra interdire pendant un an le garde accusé. Quel que soit le jugement, le procureur impérial en donnera avis au grand-juge ministre de la justice.

1er avril 1809. (4e série, n° 4299) (Art. 37, C. com.). — Avis du conseil d'Etat sur les associations de la nature des tontines.

Le conseil d'Etat.................
est d'avis, 1° Qu'aucune association de la nature des tontines ne peut être établie sans une autorisation spéciale donnée par Sa Majesté, dans la forme des règlements d'administration publique ; — 2° Qu'à l'égard de toutes les associations de cette nature qui existeraient sans autorisation légale, il n'y a pas un moment à perdre pour suppléer à ce qu'on aurait dû faire dans le principe ; — Qu'il est par conséquent urgent de leur donner un mode d'admi-

nistration qui calme toute inquiétude de la part des actionnaires, soit par le choix des administrateurs fait pour réunir toute leur confiance, soit par la régularité et la publicité des comptes ; — Qu'en ce qui regarde les difficultés qui pourraient s'élever au sujet de la gestion et comptabilité des administrateurs, jusqu'à ce jour, on ne pourrait rien faire de plus avantageux aux intéressés, que d'en soumettre le jugement à des magistrats dont les lumières garantiraient une justice entière à toutes les parties : — Que le bienfait d'une pareille mesure ne pourrait être contesté que par ceux qui auraient intérêt à la prolongation des abus, ou par ceux qui, voulant les arrêter, auraient spéculé sur les avantages qu'ils pourraient retirer d'une administration nouvelle dont il ferait partie.

13 août 1810 (4e série, n° 5878) (Art. 108. C. Com.). — Déc. impérial sur la manière dont il sera procédé dans le cas où des ballots, caisses, malles, paquets et tous autres objets confiés à des entrepreneurs de roulage, ou de messageries, n'auront pas été réclamés dans les six mois de l'arrivée à leur destination.

Art. 1er. Les ballots, caisses, malles, paquets et tous autres objets qui auraient été confiés, pour être transportés dans l'intérieur de l'Empire, à des entrepreneurs, soit de roulage, soit de messageries par terre ou par eau, lorsqu'ils n'auront pas été réclamés dans le délai de six mois à compter du jour de l'arrivée au lieu de leur destination, seront vendus par voie d'enchère publique, à la diligence de la régie de l'enregistrement, et après l'accomplissement des formalités suivantes.

2. A l'expiration du délai qui vient d'être fixé, les entrepreneurs de messageries et de roulage devront faire aux préposés de la régie de l'enregistrement la déclaration des objets qui se trouveront dans le cas de l'article précédent.

3. Il sera procédé par le juge de paix, en présence des préposés de la régie de l'enregistrement et des entrepreneurs de messageries ou de roulage, à l'ouverture et à l'inventaire des ballots, malles, caisses et paquets.

4. Les préposés de la régie de l'enregistrement seront

tenus de faire insérer dans les journaux, un mois avant la vente des objets non réclamés, une note indiquant le jour et l'heure fixés pour cette vente, et contenant en outre les détails propres à ménager aux propriétaires de ces objets la faculté de les reconnaître et de les réclamer.

5. Il sera fait un état séparé du produit de ces ventes, pour le cas où il surviendrait, dans un nouveau délai de deux ans à compter du jour de la vente, quelque réclamation susceptible d'être accueillie.

6. Les préposés de la régie de l'enregistrement, et ceux de la régie des droits réunis, sont autorisés, tant pour s'assurer de la sincérité des déclarations ci-dessus prescrites que pour y suppléer, à vérifier les registres qui doivent être tenus par les entrepreneurs de messageries ou de roulage.

12 février 1814. (4e série, n° 10147) (Art. 42, C. com.).
Déc. impérial portant que les extraits d'acte de société dont l'affiche est ordonnée par l'art. 42 du Code de commerce, seront en outre insérés dans les affiches judiciaires et les journaux de commerce.

10 mars 1825. (8e série, n° 578) (Art. 625, C. com.). — Ord. qui prescrit de nouvelles formalités pour constater l'exécution de l'art. 421 du Code de procédure civile, et de l'art. 627 du Code de Commerce.

Art. 1er Lorsqu'une partie aura été défendue devant le tribunal de commerce par un tiers, il sera fait mention expresse, dans la minute du jugement qui interviendra, soit de l'autorisation que ce tiers aura reçue de la partie présente, soit du pouvoir spécial dont il aura été muni.

2. Les magistrats chargés de procéder à la vérification ordonnée par l'art. 6 de l'ordonnance du 5 nov. 1823 s'assureront si la formalité prescrites par l'article précédent est observée dans tous les jugements rendus entre les parties qui ont été défendues ou dont l'une a été défendue par un tiers. Ils consigneront dans leur procès-verbal le résultat de leur examen à cet égard.

3. En cas de contravention à l'art. 1er de la présente

ordonnance, il en sera rendu compte à notre garde des sceaux, pour être pris à l'égard du greffier telle mesure qu'il appartiendra.

31 mars 1833 (9e série, n° 197) Art. 41, 46, C. com.). — Loi portant que les extraits des actes de société en nom collectif ou en commandite devront être insérés dans les journaux désignés par les tribunaux de commerce.

14 juin 1841 (9e série, n° 9355) (Loi sur la responsabilité des propriétaires de navires

ARTICLE UNIQUE. Les art. 216, 234 et 298 du Code de commerce sont modifiés ainsi qu'il suit.

19 mars 1848. (10e série, n° 135) (Art. 504. C. com.). — Arrêté qui autorise les tribunaux de commerce à accorder un sursis aux commerçants contre les poursuites de leurs créanciers.

24 mars 1848. (10e série, n° 156). — Déc. qui modifie provisoirement les art. 178 et 179 du Code de Commerce.

Le Gouvernement provisoire, — Considérant les abus du compte de retour qui pèsent sur le commerce, et qui, dans les circonstances actuelles surtout, aggraveraient ses charges, — décrète : — Provisoirement les articles 178 et 179 du Code de commerce sont modifiés de la manière suivante :

Art. 178. La retraite comprend, avec le bordereau détaillé et signé du tireur seulement, et transcrit au dos du titre : — 1° Le principal du titre protesté ; 2° les frais de protêt et de dénonciation, s'il y a lieu ; — 3° les intérêts de retard ; 4° la perte de change ; — 5° le timbre de la retraite, qui sera soumis au droit fixe de trente-cinq centimes.

179. Le rechange se règle, pour la France continentale, uniformément comme suit : — Un quart pour cent sur les chefs-lieux du département ; demi pour cent sur les chefs-

lieux d'arrondissement ; trois quart pour cent sur toute autre place. — En aucun cas il n'y aura lieu à rechange dans le même département. — Les changes étrangers et ceux relatifs aux possessions françaises en dehors du du continent seront régis par les usages du commerce.

L'exécution des articles 180, 181, 186 du Code de commerce et de toute autre disposition de lois est suspendue.
22 août 1848 (10ᵉ série, nº 643) (Art. 504, C. c.). — Déc. relatif aux concordats amiables.

12 novembre 1849. (10ᵉ série, nº 1744) (Art. 504, C. com. Loi qui met un terme à l'application du décret du 22 août 1848, sur les concordats amiables.

ARTICLE UNIQUE. Trois jours après la promulgation de la présente loi, nul commerçant en état de cessation de paiements ne sera recevable à réclamer le bénéfice du décret du 22 août 1848, et les dispositions du livre 3 du Code de commerce, sur les faillites et banqueroutes, reprendront leur empire.

26 mars 1855 (11ᵉ série, nº 2512). — Loi qui modifie le paragraphe 5 de l'art 781 du Code de procédure civile et l'art. 15 du décret du 14 mars 1808.

Art. 1ᵉʳ Le paragraphe nº 5 de l'art. 781 du Code de procédure civile est remplacé par la disposition suivante :
« Nº 5. Dans une maison quelconque, même dans son domicile, à moins qu'il n'ait été ainsi ordonné par le juge de paix du lieu, lequel juge de paix devra, dans ce cas, se transporter dans la maison avec l'officier ministériel, ou déléguer un commissaire de police. »

2. L'art 15 du décret du 14 mars 1808 est abrogé. Il est remplacé par la disposition suivante :
« Art. 15 Dans le cas prévu par le paragraphe 5 de l'article 781 du Code de procédure civile, il ne peut être procédé à l'arrestation qu'en vertu d'une ordonnance du président du tribunal civil, qui désigne un commissaire de police chargé de se transporter dans la maison avec de garde du commerce. »

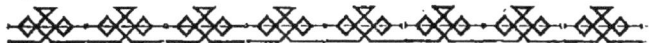

TABLE DES MATIÈRES
DU CODE DE COMMERCE

LIVRE PREMIER
DU COMMERCE EN GÉNÉRAL

	Articles
TITRE I. Des commerçants	1 — 7
TITRE II. Des livres de commerce	3 — 17
TITRE III. Des Sociétés	
Sect. I. Des diverses sociétés et de leurs régles	18 — 50
Sect. II. Des contestations entre associés, et de la manière de les décider	51 — 64
TITRE IV. Des séparations de biens	65 — 70
TITRE V. Des bourses de commerce, agents de change et courtiers	
Sect. I. Des bourses de commerce	71 — 75
Sect. II. Des agents de change et courtiers	74 — 90
TITRE VI. Des commissionnaires	
Sect. I. Des commissionnaires en général	91 — 95
Sect. II. Des commissionnaires pour les transports par terre et par eau	96 — 102
Sect. III. Du voiturier	103 — 108
TITRE VII. Des achats et ventes	109
TITRE. VIII. De la lettre de change, du Billet à ordre et de la Prescription	
Sect. I. De la lettre de change	
§ I. De la forme de la lettre de change	110 — 114
§ II. De la provision	115 — 117
§ III. De l'acceptation	118 — 125
§ IV. De l'acceptation par intervention	126 — 128
§ V. De l'échéance	129 — 135
§ VI. De l'endossement	136 — 139
§ VII. De la solidarité	140

§ VIII. De l'aval....................	141 — 142
§ IX. Du paiement.................	143 — 157
§ X. Du paiement par intervention....	158 — 159
§ XI. Des droits et du devoir du porteur.	160 — 172
§ XII. Des protêts..................	173 — 176
§ XIII. Du rechange.................	177 — 186
Sect. II. Du billet à ordre.............	187 — 188
Sect. III. De la prescription...........	189

LIVRE TROISIÈME

DES FAILLITES ET DES BANQUEROUTES

TITRE I. De la Faillitte................	
Chap. I. Dispositions générales de la déclaration de la faillite et de ses effets......	438 — 450
Chap. II. De la nomination du juge-commissaire...........................	451 — 454
Chap. III. De l'apposition des scellés, et des premières dispositions à l'égard de la personne du failli....................	455 — 461
Chap. IV. De la nomination et du remplacement des syndics provisoires..........	462 — 467
Chap. V. Des fonctions des syndics......	
Sect. I. Dispositions générales...........	468 — 478
Sect. II. De la levée des scellés, et de l'inventaire............................	479 — 483
Sect. III. De la vente des marchandises et meubles, et des recouvrements..........	484 — 489
Sect. IV. Des actes conservatoires........	490
Sect. V. De la vérification des créances....	491 — 503
Chap. VI. Du concordat et de l'union.....	
Sect. I. De la convocation et de l'assemblée des créanciers.......................	504 — 506
Sect. II. du concordat.................	
§ I. De la formation du concordat....	507 — 515
§ II. Des effets du concordat..........	516 — 519
§ III. De l'annulation ou de la résolution du concordat.....................	520 — 526
Sect. III. De la clôture en cas d'insuffisance de l'actif...........................	527 — 528
Sect. IV. De l'union des créanciers.......	529 — 541

Chap. VII. Des différentes espèces de créanciers, et de leurs droits en cas de faillite...
Sect. I. Des coobligés et des cautions.... 542 — 545
Sect. II. Des créanciers nantis de gage, et des créanciers privilégiés sur les biens meubles.......................... 546 — 551
Sect. III. Des droits des créanciers hypothécaires et privilégiés sur les immeubles.. 552 — 556
Sect. IV. Des droits femmes............. 557 — 564
Chap. VIII. De la répartition entre les créanciers, et de la liquidation du mobilier... 565 — 570
Chap. IX. De la vente des immeubles du failli............................... 571 — 573
Chap. X. De la revendication............ 574 — 579
Chap. XI. Des voies de recours contre les jugements rendus en matière de faillite... 580 — 583
TITRE II. Des banqueroutes.............
Chap. I. De la banqueroute simple..... 584 — 590
Chap. II. De la banqueroute frauduleuse. 591 — 592
Chap. III. Des crimes et des délits commis dans les faillites par d'autres que par les faillis............................... 593 — 600
Chap. IV. De l'administration des biens en cas de banqueroute.................. 601 — 603
TITRE III. De la Réhabilitation........ 604 — 614

LIVRE QUATRIÈME

DE LA JURIDICTION COMMERCIALE

TITRE I. De l'organisation des tribunaux de commerce......................... 615 — 630
TITRE II. De la compétence des tribunaux de commerce......................... 631 — 641
TITRE III. De la forme de procéder devant les tribunaux de commerce............ 642 — 644
TITRE IV. De la forme de procéder devant les Cours impériales................. 645 — 648
Complément du Code de Commerce page 325

Liste des Maîtres d'Hôtel où se trouve

« *LE PARFAIT VOYAGEUR* »

Hôtel	de la Gare	tenu par	Genest	à	Laon	(Aisne).
»	de la Croix d'Or	»	Legru	»	Soissons	»
»	de la Couronne	»	Dominique	»	»	»
»	d'Angleterre	»	Déloge	»	St-Quentin	»
»	Lebeau	»	Bloquiau	»	»	»
»	du Pot-d'Etain	»	Picard	»	Chauny	»
»	de l'Europe	»	Guinet	»	La Fère	»
»	du Lion d'Or	»	Wimy	»	Marle	»
»	Pierre	»	Miau	»	Guise	»
»	de la Couronne	»	Poujol	»	»	»
»	de la Gare	»	Marchand	»	Hirson	»
»	de France	»	Jaulaethen	»	Tergnier	»
»	du Lion d'Or	»	Dépaux	»	Vics. Aisne	»
»	de la Tête Noire	»	Guegnot Vve	»	Blérancourt	»
»	de l'Europe	»	Rebours	»	Anizy-le-Ch	»
»	de l'Epée	»	Mottez Vve	»	Villers Cot.	»
»	de la Croix-d'Or	»	Langlois	»	Neuilly s.F.	»
»	du Pot-d'Etain	»	Martin Vve	»	Fère-en-Tois	»
»	de la Croix-d'Or	»	Mauservey	»	Braisne	»
»	du Lion d'Or	»	Houssel	»	Oulchy-l-Ch	»
»	Lange	»	Levoirier	»	Crécy-s-Ser.	»
»	du Lion Noir	»	Plonquet	»	Coincy-l'Abb	»
»	de l'Etoile	»	Roisin	»	Ribemont	»

Hôtel	du Mouton d'Or	»	» Dewaitine	» Moy	»
»	du Sauvage	»	» Thomas	» La Ferté Mil»	
»	du Cheval Blanc	»	» Renard	» Vailly	»
»	Lion d'Or	»	» Laurence	» »	»
»	du Commerce	»	» Faure	» Monthiers	»
»	du Canal	»	» Béguin	» Etreux	»
»	....	»	» Mangin	» Richaumont»	
»	....	»	» Mennecier	» Montcornet »	
»	....	»	» Bouchez	» Urcel	»
»	du Chemin de Fer	»	» Pons	» Creil (Oise).	
»	de Flandre	»	» Léger	» Compiègne	»
»	du Nord	»	» Pluche	» Noyon	»
»	des 3 Pigeons	»	» Lault	» Crépy-en-V»	
»	de la Bannière	»	» Barlemont »	»	»
»	de la Fontaine	»	» Vasseur	» Verberie	»
»	des Etrangers	»	» Cottart	» Pierrefonds »	

Marchand de sommeil à prix réduit : en faveur des souscripteurs au « *Parfait Voyageur* »

Hôtel	de la Croix d'Or	»	» Laude	» Attichy	«
»	» » »	»	» Chénot	» Nanteuil-l-H»	
»	» » »	»	» Saillard	» Estr.St-Den.»	
»	du Cheval Blanc	»	» Terré	» Betz	»
»	....	»	» Cointe Vve	» Carlepont	»
»	....	»	» Lejeune	» Ribécourt	»
»	....	»	» Roussel	» Guiscard	»
»	....	»	» Saumon	» Ress. s.Matz»	
»	....	»	» Véron	» Fismes (Marne)»	
»	de France	»	» Guittard	» Ajaccio (Corse).	
»	des Gourmets	»	» Dauphin	» »	»
»	de la Gare	»	» Buchler	» La Loupe (E.-L.)	
»	du Grand Soleil	»	» Boultes	» St-Chinian (Hér.)	
»	du Grand-Hôtel	»	» Jamet	» Villandraut (Gir.)	
»	....	»	» Michel	» Digne (Bas.-Alp.)	
»	Café de la Renais.	»	» Ménard	» Soissons (Aisne)	

Hôtel de la Réunion	»	» Moret	» La Fère (Aisne).
» du Commerce	»	» Regnault	» P.-St-Max.(Oise).
»	»	» Louis	» Compiègne »
Café de Foi	»	» Garrier	» Soissons (Aisne).
» de la Grosse Tête	»	» Padieu	» »
Hôtel du Commerce	»	» Lubin	» Folembray (Aisne)
» Restaurant	»	» Cottart	» SonsChatillon »

Village de 750 habitants, je recommande à mes sympathiques collègues la maison de M. Cottart ; ils y trouveront bon gîte, excellente table et une affabilité exceptionnelle.

Si notre plume a mis en relief le mauvais vouloir et le sans-gêne d'une certaine catégorie de maîtres d'hôtel, notre impartialité nous dicte néanmoins de reconnaître les qualités d'une plus intelligente.

Nos vœux et nos sympathies les plus sincères lui sont acquis.

Suite de la liste des souscripteurs :

MM.	Cardon	négociant	à Neuilly St Fr.	(Aisne).
	Lavoy Victor	»	» Septmonts	»
	Levoirier père	»	» Crécy-sur-Serre	»
	Delahaye	»	» Château-Thierry	»
	Tilliole	»	» Barbonne-Fayel	(Marne)
	Apté	profess. de mus.	» La Ferté s/Jouarre	(S.etM.)
	Hugot-Clonier, négociant		» Vaudesson	(Aisne)
MM.	Mormand	voyageur	» Vailly	(Aisne)
	Rupprecht	»	» Pantin	(Seine)
	Desarnod	»	» Vincennes	»
	Valois	»	» Rouen	(Seine Inférieure)
	Mauprivez	»	» Blérancourt	(Aisne)
	Bareille	»	» Reims	(Marne)
	Tanret	»	» »	»
	Pezé Maximilien	»	» »	»
	Pezé Eugène	»	» »	»
	Régnault	»	» Epernay	»

Lainé	″	″	Paris	(Seine)
Sylvestre	″	″	Meaux	(Seine-et-Marne)
Leroy	″	″	″	″
Meveux	″	″	Compiègne	(Oise).
Rousseau	négociant à Montagny-Ste-Fté			″

Messieurs les Maîtres d'Hôtel désirant souscrire à l'ouvrage « LE PARFAIT VOYAGEUR » peuvent à toute époque de l'année m'adresser leurs souscriptions. Les noms seront publiés au fur et à mesure des tirages.

PAU. — IMP. A. MENETIÈRE

www.ingramcontent.com/pod-product-compliance
Lightning Source LLC
Chambersburg PA
CBHW072018150426
43194CB00008B/1163